人邮体育 儿童身体训练动作指导丛书

中国青少年体能训练师认证参考教材

U0680609

儿童身体训练动作手册

拉伸训练

王 雄·主编

人民邮电出版社

北 京

图书在版编目（CIP）数据

儿童身体训练动作手册. 拉伸训练 / 王雄主编. --
北京 ： 人民邮电出版社，2020.5
（儿童身体训练动作指导丛书）
ISBN 978-7-115-52019-7

Ⅰ. ①儿… Ⅱ. ①王… Ⅲ. ①儿童－身体训练－手册
Ⅳ. ①G808.17-62

中国版本图书馆CIP数据核字(2019)第201342号

免责声明

内 容 提 要

"儿童身体训练动作指导丛书" 共7册，是中国青少年体能训练师认证参考教材，并得到了全国体育运动学校联合会的专业推荐。丛书由国家体育总局训练局体能训练中心创建人、负责人王雄主编，并由多位国内儿童和青少年体能训练专家、体育教育专家和奥运冠军担任专家顾问，旨在帮助儿童进行正确的动作练习，得到科学的锻炼指导。

本书首先介绍了拉伸训练的生理机制、分类等基础知识，并讲解了拉伸训练的运用优势及注意事项等内容，然后采用真人示范、分步骤图解的形式，对超过50个拉伸训练动作进行了细致讲解，包括动作要点、主要肌肉和训练目标等。此外，本书还提供了针对不同训练需求的11个训练计划及大部分动作练习的演示视频，旨在帮助儿童科学锻炼，有效提升体能水平。

◆ 主　编　王　雄
责任编辑　刘　蕊
责任印制　周昇亮

◆ 人民邮电出版社出版发行　　北京市丰台区成寿寺路 11 号
邮编　100164　　电子邮件　315@ptpress.com.cn
网址　http://www.ptpress.com.cn
廊坊市印艺阁数字科技有限公司印刷

◆ 开本：700×1000　1/16
印张：8　　　　　　　　　2020 年 5 月第 1 版
字数：115 千字　　　　　　2024 年 10 月河北第 16 次印刷

定价：42.00 元

读者服务热线：**(010) 81055296**　印装质量热线：**(010) 81055316**
反盗版热线：**(010) 81055315**
广告经营许可证：京东市监广登字 20170147 号

编委会

主编：王 雄

编委：沈兆喆 刘 蕊 林振英 陈 洋 崔雪原 赵 芮 付子艺 王晓斐
　　　张可盈 高延松 苗 宇 刘 也 朱昌宇

致 谢

感谢为本丛书的出版做出积极贡献的强大的顾问团队，他们当中有拥有多年教龄的中小学体育教师，也有在一线执教多年的知名教练，还有幼儿体育、儿童兴趣活动、儿童教育实践、体质促进研究、青少年体能训练、青少年运动员科学训练和健身健康等领域的专家学者，他们代表了国内儿童和青少年身体训练领域的领先力量，也感谢国内其他同仁对这个领域的研究和实践所做的贡献。感谢人民邮电出版社有限公司对儿童和青少年体育领域的全力支持，感谢灌木拍摄团队的精心准备和辛勤付出，感谢本书的编委团队。我们一直在努力做好每一个细节，力争给大家提供一份可参考的材料。大家一起努力，共同推进国内儿童和青少年训练领域的健康发展。

本丛书尚存在诸多不足之处，但这套"1.0版本"仅仅是开始，未来我们将会吸收更多的内容、理念，在细节上持续打磨和完善。此外，早在2013年我查阅市面上的儿童青少年体能训练资料的时候，就发现相关方面的研究资料及参考书极其有限，作为专业人员必须拥有的使命感促使我下决心编写一套能为儿童和青少年体育活动实践者提供帮助的材料；现在既然已经开始，我就会继续下去、不断升级，逐步打造出一系列科学、全面、实用的儿童和青少年身体训练动作指导手册！恳请所有读者向我们提出宝贵的建议！

科学发展观，少年中国梦。期待本丛书能够为国内儿童和青少年的身体训练发展带来一些促进和益处，让孩子们提升生命质量，形成终身运动的好习惯，实现我们的共同目标："一切为了孩子，为了孩子的一切，为了一切孩子！"

丛书推荐序

2019年9月2日，国务院印发了《体育强国建设纲要》（以下简称《纲要》），体育强国梦有了明确的时间表和路线图。这个激动人心的体育强国建设规划从多个层次对青少年体育的发展进行了清晰的表述，指出要充分发挥体育在建设社会主义现代化强国新征程中的作用。而儿童青少年体育乃是发展之本，国运兴需要体育兴，少年强才能国强。

这个一直规划到2050年的《纲要》在其"战略目标"中提到："青少年体育服务体系更加健全，身体素养显著提升，健康状况明显改善。"在其"战略任务"中提到："将促进青少年提高身体素养和养成健康生活方式作为学校体育教育的重要内容，把学生体质健康水平纳入政府、教育行政部门、学校的考核体系，全面实施青少年体育活动促进计划。"在《纲要》的解读中，进一步提到了"青少年体育发展促进工程"，将要"构建社会化、网络化的青少年体育冬夏令营体系，开展青少年体育技能培训，使青少年掌握2项以上运动技能；丰富青少年体育赛事活动，形成一批具有较大影响的社会精品赛事活动；构建青少年体育社会组织管理和支持体系，促进青少年体育俱乐部、青少年户外体育活动营地等发展。实施青少年体育拔尖人才建设工程，推动体校特色运动队、俱乐部运动队、大中小学运动队及俱乐部建设。进一步发挥体校和社会俱乐部培养竞技体育后备人才的优势。落实教练员培养规划，实施教练员轮训，提高青少年体育教练员水平"。《纲要》将在接下来的时间里，进一步引领我们的青少年体育事业的发展。

我在体育行业工作了四十五年，工作方向从全民健身到竞技体育再到青少年体育。现所在的全国体育运动学校联合会的主要工作宗旨是：团结和推动全国各级各类体育运动学校、青少年体育俱乐部等会员单位的建设与发展，为提高青少年身体素质、培养输送高水平竞技体育后备人才和为社会培养合格的体育专业人才服务，努力为各类青少年体育组织提供一个发展和交流平台，推动中国青少年儿童体育事业发展，促进体育强国和健康中国建设。对于儿童青少年的成长发展来说，体育运动在其中扮演着重要的角色。体育运动能够提升身体素质，促进身体健康和脑力发展，同时培养运动精神和团队精神，增强抗挫折能力和勇气，让每一个孩子能更好地成长为社会需要的人才。

由王雄老师主编的这两套丛书——"儿童身体训练动作指导丛书"和"青少年身体训练动作指导丛书"，其编委会集结了行业内多位知名的专家顾问，包括儿童青少年领域的科研人员、资深中小学体育教师、一线执教的国家队体能教练和青少年俱乐部的儿童训练专家等，代表了国内儿童青少年身体训练领域的先进力量。丛书的内容体系完整，涵盖广泛，表述清晰，针对6~15岁的儿童和青少年。在目前国内中小学生的完整的身体训练体系还在摸索和构建的背景下，丛书为广大体育和教育领域的工作者，尤其是各级体校教练、小学体育教师以及青少年俱乐部教练提供了针对儿童和青少年体能教育的指导策略与教学模式参考，并帮助其设计适合不同发育水平孩子的身体训练计划，从而达到丰富体育课程内容、全面提升儿童青少年身体素质和健康水平的目标。丛书突出了儿童青少年训练的针对性、规范性和实效性，丰富了青少年运动训练的多样化方式，可作为广大家长、体育教师、教练员和体能训练师的参考用书。

在具体内容上，丛书根据不同年龄段儿童青少年的生理和心理发展特征，采用了适用于不同年龄段的身体训练动作和活动方式。例如在儿童徒手练习当中，涵盖了儿童肌肉力量、爆发力、协调性、速度、灵敏反应、柔韧性和能量代谢练习等多个素质类别，还包括大量的动作模式练习、双人配合练习、爬行练习和儿童瑜伽等丰富多彩的实践内容。在形式上，除了提供高质量的动作图片展示之外，还具备通过扫描二维码看视频的功能，可以让读者一目了然地全方位了解动作过程，帮助施教者提供更安全、更科学和更准确的体育教学。

科学发展观，少年中国梦。我仅代表全国体育运动学校联合会衷心将本套丛书推荐给所有儿童青少年的家长、学校体育教师、儿童和青少年身体训练研究人员、从事儿童和青少年体能教育培训的教练或技术人员、相关基层专业队以及青少年俱乐部队伍的教练员。希望丛书能为国内的儿童青少年提供更科学、更安全和更有趣味性的运动指导，帮助孩子们打下坚实的身体运动基础，掌握运动技能，提升运动表现，并享受运动带来的健康和乐趣。

职务：全国体育运动学校联合会教育发展委员会主任，研究员

原任：国家体育总局干部培训中心副主任，国家体育总局教练员学院教练员培训部部长，北京体育大学及河北师范大学的硕士、博士研究生导师

2019 年 10 月 25 日

丛书序

儿童和青少年是祖国的未来、民族的希望。强健儿童和青少年的体魄，帮助下一代培养良好的生活习惯和运动精神，有利于其塑造正确的人生观和价值观。

在数字经济和人工智能飞速发展的大时代背景下，我们的身体依然停留在为运动而设计的远古时代。体育运动的意义不仅是闲暇时的消遣，还是人类平衡现代生活习惯和远古人体设定的最有效途径。体育运动对促进儿童和青少年身心的全面协调发展有着不可替代的重要作用，而儿童和青少年体育不仅是所有体育事业的基石，更是发挥教育功能和社会效益的重要工具。致力于发展儿童福利事业的宋庆龄曾呼吁——一切为了孩子，为了孩子的一切，为了一切孩子。这句话精辟凝练，含义深刻，是我们全社会践行儿童青少年体育工作的宗旨。

1. 政府重视，政策支持

青少年体质健康历来受到高度重视，习近平总书记在2014年8月15日看望南京青奥会中国体育代表团时强调，少年强、青年强则中国强。少年强、青年强是多方面的，既包括思想品德、学习成绩、创新能力和动手能力，也包括身体健康、体魄强壮和体育精神。此外，习近平总书记高度重视学校体育工作，在系列讲话中指出，身体是人生一切奋斗成功的本钱，少年儿童要注意加强体育锻炼，家庭、学校、社会都要为少年儿童增强体魄创造条件，让他们像小树那样健康成长，长大后成为建设祖国的栋梁之材。要从娃娃抓起，扎扎实实提高竞技体育水平，持之以恒开展群众体育，不断由体育大国向体育强国迈进。

为扭转当前学生体质健康状况持续下降的趋势，近年来，党中央和政府陆续发布了多项政策指令。2007年中共中央、国务院印发《关于加强青少年体育增强青少年体质的意见》（中发〔2007〕7号）；2012年国务院办公厅转发教育部等部门《关于进一步加强学校体育工作的若干意见》的通知（国办发〔2012〕53号）；2013年十八届三中全会通过的《中共中央关于全面深化改革若干重大问题的决定》明确提出"强化体育课和课外锻炼，促进青少年身心健康、体魄强健"的青少年体育工作目标；2016年国务院办公厅印发《关于强化学校体育促进学生身心健康全面发展的意见》（国办发〔2016〕27号），指出"以'天天锻炼、健康成长、终身受益'为目标,到2020年学生体育锻炼习惯基本养成,运动技能和体质健康水平明显提升,规则意识、合作精神和意志品质显著增强"。针对影响儿童青少年健康方面比较突出的近视问题,2018年8月30日,教育部、国家卫生健康委员会、国家体育总局等8部门联合印发《综合防控儿童青少年近视实施方案》,明确提出了2023年和2030年的近视防控目标。

2. 社会关注,市场推动

体质健康水平关系到青少年的健康成长,关系到千家万户的幸福。近年来的全国学生体质健康调研结果显示,我国学生的平均身体素质和健康水平连续多年持续下降,学生体质健康方面存在着诸多令人担忧的严重问题。

一段时期以来,关于我国儿童和青少年体质水平连续下滑的报道不断:由于受到充斥着电子游戏和垃圾食品的生活环境,以及久坐少动的现代生活方式的影响,儿童和青少年的劳动及体力活动急剧减少;由于营养过剩,儿童和青少年肥胖率不断上升;由于学习负担过重,儿童和青少年缺乏足够的活动时间;由于体育课安排不足,儿童和青少年运动个性化、多样化和科学化不够⋯⋯这些问题已引发社会各界的广泛关注。

为了解决这些问题,全国各地的学校都在不断尝试进行体育教学改革,同时,各式儿童体能训练机构如雨后春笋般地在一些城市中快速涌现。然而,应该如何进行儿童和青少年身体训练,学校和家长应该如何配合,学校及儿童体能训练机构如何才能为孩子提供更科学、更安全、更方便、更有趣、无污染的、有监控的、个性化的、有规划的体育课程或身体练习方案⋯⋯对于以上问题,无论是理论研究还是实践指导,相比一些有长久积累和规模化发展的国家,我国还处于起步阶段,需要虚心学习和研究借鉴。

除了学校,目前国内儿童青少年体育培训机构早已超过万家,专业的儿童体能训练机构的数量也在不断增加,不仅在一线城市形成了规模化发展,更在二线和三线、四线城市中迅速发展。即便如此,目前全国平均每2万名儿童青少年才对应一家专门的体育培训机构,远远无法满足实际需求。然而需求还在持续增长,中国新一代年轻父母在子女体育运动爱好培养及体能提升培训方面的投入不断增加,在家庭消费支出中占据重要比重。市场的巨大潜力推动了行业的发展,但与此同时也给行业带来发展中的挑战。我们要避免急功近利导致的市场乱象，应当在标准化、规范化的运营管理和科学化、个性化的课程安排方面尽力促进整个行业的健康发展。

3.遵循科学，遵循规律

让运动成为孩子生活的一部分，让每个孩子都可以愉快地参与丰富多彩的体育活动，享受高质量的体育教育给身心带来的积极变化，从小树立良好的运动习惯和体育价值观，是我们的目标。只有家庭、学校和社会共同发力，创造一个有利于儿童青少年身心发展的健康运动环境，才能帮助孩子们提升体质和强健体魄。而在儿童青少年的体育教学理念中，最重要的就是遵循孩子的身体的生理发展规律，也就是我们经常说的"敏感期"问题。

科学研究证明，在青少年生长发育的过程中，身体形态和机能发展不是均衡渐进的，并存在着"敏感期"。这种敏感期是指某种运动素质在儿童、青少年时期，在有机体自然生长发育的基础上，可以实现最优化发展的某些特定年龄阶段。例如，在孩子的肌肉发育过程中，首先应关注大肌群的增长，然后是精细化的动作控制。在某个阶段，孩子力量的增加主要依靠神经肌肉协调控制，而非肌肉体积的增大或肌纤维数量的增加。因此，如果我们在孩子的儿童青少年时期能按照其素质发展敏感期的规律对其进行训练，就能最大限度地发展其身体素质，为孩子今后的体质健康和运动表现提升打下坚实的基础。

敏感期又被称作"天窗期"，国内外对其的研究很多。出现敏感期的不同身体素质可训练的最佳时机，也被叫作"训练天窗"（Optimal Windows of Trainability）或"最佳训练能力窗口"。

要注意的是，人的一般生长发育是有规律的，但因为受遗传、营养和运动等因素的影响，个体发育的时间是不同的，因此每个人的敏感期出现的时间也是不同的。早发育和晚发育都会偏离正常年龄发育水平两三岁，也就是说，同龄人的身体发育水平差异可能达到4~6岁！两个实际年龄为10岁的孩子，一个发育年龄可能才7岁，而另外一个可能是13岁！此外，一般认为，同龄的男孩女孩会在8岁开始出现发育差异，最好从这个年龄后就对男孩和女孩进行有区别的、针对性的身体素质训练。

因此，在青春期前的敏感期通常与年龄相关；在青春期开始后，敏感期的划分与青春期男孩女孩的一些生理标志出现的时间点有关，如青春期开始、生长峰值点和月经初潮等。目前，在国内外资料当中被研究证实的，同时较为公认和流行的是运动员长期发展（LTAD，Long-Term Athlete Development）模型。按照LTAD模型，身体素质敏感期（训练天窗）有13个，如下表所示。

身体素质敏感期（训练天窗）年龄区间

运动素质	不同敏感期（训练天窗）的出现时间					
性别	男孩			女孩		
柔韧天窗 （2个）	第一天窗期	第二天窗期		第一天窗期	第二天窗期	
	5~8周岁	12~14周岁		4~7周岁	11~13周岁	
速度天窗 （2个）	第一天窗期	第二天窗期		第一天窗期	第二天窗期	
	7~9周岁	13~16周岁		5~8周岁	11~14周岁	
技术天窗 （2个）	第一天窗期	第二天窗期		第一天窗期	第二天窗期	
	9~12周岁	14~18周岁		7~10周岁	12~16周岁	
协调性天窗 （1个）	天窗期			天窗期		
	12~14周岁			11~13周岁		
力量天窗 （3个阶段）	天窗 第一阶段	天窗 第二阶段	天窗 第三阶段	天窗 第一阶段	天窗 第二阶段	天窗 第三阶段
	12~15周岁	15~20周岁	20~25周岁	10~13周岁	13~18周岁	18~21周岁
	注释：身高突增期后的6~12个月是第一个敏感期，增长速度最快。后期两个阶段增长速度逐渐放缓			注释：身高突增期或月经初潮后是第一个敏感期，增长速度最快。后期两个阶段增长速度逐渐放缓		
耐力天窗 （2个）	12~14周岁	17~22周岁		11~13周岁	16~21周岁	
爆发力天窗 （1个）	16~22周岁			15~21周岁		

4.因材施教，全面发展

　　儿童和青少年体育教育是教育体系中不可或缺的重要部分。相比国外一些国家多年的系统研究和推广实施，我国的儿童和青少年体育教育整体水平仍有待提高。我们还缺乏多样化的身体素质练习手段，缺乏系统深入的研究支撑和长期发展的详细规划设计，缺乏一大批拥有专业资质和实践经验的教练员。当然，我们的发展是迅速的，近些年无论是在理论体系研究上还是在实践方法组合上，都取得了喜人的成绩，未来可期。

　　在遵循儿童青少年身体生理发展规律的基础上，我们要因材施教，全面发展。在具体的训练执行和练习方式上，以下几个常见问题是最受家长、教练和老师们关注的，同样也是所有儿童青少年训练一线工作人员必须了解的。

（1）儿童青少年的练习方式是否和成人完全一样？

首先，就人体动作而言，对于已具备自由行走能力的儿童或青少年，其可以完成的大多数练习（如下蹲、跳跃和跑步等）的基本动作模式和成年人是完全一样的。不论是普通人还是运动员，不论是儿童还是老年人，其动作模式和动作方式的本质始终一样。Crossfit 的创始人格拉斯曼（Glassman）曾说过："奥运会运动员和我们的外婆，对于运动的需求只有程度上的差别，没有种类上的差别。"

其次，儿童和青少年的动作模式和成人一样，在某些细节要求上也一样，但是在具体的动作要求和发展目标上，强调的重点不一样。例如，儿童和青少年体能训练更加强调正确动作模式的自动化训练，强调神经肌肉的本体感觉和动作姿势的标准，而不是强调训练负荷和训练强度。

（2）孩子应先练专项还是先练体能？

目前所有的相关研究都建议并强调，孩子应该在提升基础运动技能的基础上，再参加竞技性体育运动。专家们对"先有合适的身体基础再去练专项"的观点似乎基本形成了共识。美国著名的儿童体能教育专家斯蒂芬·维尔吉利奥（Stephen Virgilio）博士在其所著的《儿童身体素质提升指导与实践（第2版）》一书中就明确指出并强调，在基础体能和专项技术之间，孩子应该先提升基础运动技能，在强化了骨骼肌肉系统和神经肌肉控制系统之后，再参加竞技性体育运动才是最好的选择。

这个规律以多种形式被应用于日常生活中。当儿童青少年刚开始进行体育锻炼时，篮球、游泳等运动专项对其吸引力也许更大。这些项目的初期学习目标是掌握一些基本技能，同时老师或教练也会教授一些热身练习。但是一旦孩子已经学会某个运动专项的基本技能，并且想要获得技能水平的进一步提升，就必须参加专门和正式的体能训练了。

（3）儿童和青少年是否能进行力量训练？

这个命题的研究在美国已有很长时间。之前有观点认为，孩子的肌肉正处于生长发育阶段，不应该过度使用，而且负重训练的危险系数太高。近二十年来，各大权威机构纷纷发表了有关儿童青少年的健身指导文章，推荐其进行力量训练，这些机构包括美国儿科学会（AAP）、美国运动医学会（ACSM）、美国运动委员会（ACE）、美国国家体能协会（NSCA）、英国体育与运动科学协会

（BASES）和加拿大运动生理学会等。

其中，美国儿科学会声明："适度的力量训练对于青少年的生长发育、骨骼愈合、心脏循环系统没有明显的副作用。"美国运动医学会认为："一般来说，如果儿童做好了参加组织好的体育运动的准备——如一些小型的足球、棒球联赛或者体操比赛——这就表明他们做好了可以进行一些力量训练的准备。"美国国家体能协会则这样表述："青少年的力量训练在以下情况下是安全而有效的：有一个善于制定训练计划的资深教练（或老师）的指导和监控，且青少年自身已掌握了适当的动作技术。"

对于年龄较小的儿童是否可以进行力量练习，国外的最新研究认为，幼儿园到六年级的儿童不应执行最大负重练习；然而，哪怕年龄小到只有2岁的儿童，都是可以通过进行阻力练习来增强骨骼发育的。国外的长期研究和实践已证明，科学的力量训练是促进儿童青少年体质健康和运动能力增强的有效方法，有监督、有计划、科学合理的力量训练其实是一种安全有效的训练方式，对孩子肌肉的生长发育有诸多益处。力量素质是参与一切体育活动的基础。在日常体育课教学中，合理安排力量训练环节可以逐步提高学生的身体素质和运动能力。因此，本套丛书提供了多种适合学生力量素质发展的练习方法，并针对不同年龄孩子的生长发育情况制定了不同的个性化训练计划，图文并茂，通俗易懂，引导学生科学系统、安全高效地进行力量训练，并为体育教师和体能教练提高孩子的身体素质和专项运动成绩提供了技术支持。

（4）为什么儿童青少年身体训练要关注动作模式？

儿童青少年的身体训练是为了打好身体基础，提升体能水平，且体能水平包含动作、身体素质和运动表现三个维度。动作是其中最本质和最基础的——任何日常身体活动和竞技运动都是由基本身体动作组成的，力量、爆发力、耐力、速度、敏捷、平衡、协调和柔韧等其他身体素质的发展都建立在此基础之上，最终达到实现结合运动专项或者其他功能需求的运动表现的目标。

动作模式就是遵循人体科学运动的基本原则，让身体以最佳路径和最佳效率完成动作的过程。动作练习的目的就是建立正确的动作模式，并优化发展为动作技能。好的动作模式可以让你用最小的力和最经济的能量消耗来达到最佳的运动表现。专业运动员为了更好的竞技运动表现，突破既定的运动极限，不断改进自己的技巧、熟练自己的技能，为的就是能在更好的动作模式下提升至最好的成绩。普通人也是如此，如果没有正确的动作模式，就会在运动中事倍功半。但大多数普通人的动作模式并不正确且已经"定型"，只能通过科学的纠正性训练进行矫正，且矫正过程异常复杂而艰难。而这种"最佳"动作模式建立和优化的最佳时期必定是在儿童青少年阶段。

动作模式的练习讲究神经肌肉的本体感觉和协调配合，以及动作姿态的有序控制。例如，在下蹲练习中，一个正确动作模式的下蹲动作需要踝关节、膝关节和髋关节的弯曲角度合理，踝部有足够的灵活性以保证膝关节的位置正确，膝盖有合理的折叠角度以帮助身体更好地利用大腿肌肉，髋部有合适的位置以保证上半身角度合理；同时，还需要躯干和核心配合发力，以及背部肌肉的参与。其他任何动作细节，包括肩膀的位置、头部的角度，甚至是视线，都有可能影响到整个身体联动发力的变化和动作模式的效率。

此外，练习动作模式的另一大功能就是保护身体，预防伤病。人体关节有两个基本特性：灵活性和稳定性，往往以一个为主，另一个为辅。这是人体的"原本设计"，是不可改变的。错误的动作模式会使某一关节的灵活性或稳定性产生变化，并进一步造成上下联动关节的错误代偿。虽然人体具有自我纠正能力，但一旦运动过量或负荷过大，就会产生永久性运动损伤。例如，硬拉练习是一个综合性训练动作，可以锻炼全身上下的多数肌肉，特别是后链肌群。但硬拉练习的训练目标不仅是肌肉，更重要的是动作模式。如果在练习过程中存在腹部用力不够、肩胛肌肉或腰背部肌群参与不够等问题，很容易导致人体脊柱过度屈曲，给脊柱造成额外的压力，使其成为一个错误而危险的动作。

因此，儿童青少年时期的身体训练要重点关注动作模式，以最有效率的动作幅度和最经济的能量消耗来获取最大的运动收益，这也是进行身体训练的黄金法则。

（5）一些高难度、高强度练习是否适合儿童青少年？

斯蒂芬·维尔吉利奥博士曾明确提出建议：10岁以上的孩子应每周至少有5天进行60分钟以上中等强度或更激烈的体育运动。我国的儿童青少年普遍存在运动参与较少的问题，如果突然加大训练量或训练强度，会出现不适应的情况。但只要循序渐进，科学进阶，孩子一样是可以做好很多强度较高、难度较大的训练的。从美国、德国和日本等国家的很多儿童训练视频和教程可以看出，孩子的训练强度和训练质量可以是很高水平的。因此，在保障好基本安全的前提下，遵循科学指导的原则，家长、老师和教练完全不必过度担心。

此外，一些欧美国家的专家认可并建议将基础体能训练（包括力量训练、有氧健身和关节灵活性训练等）融入中小学体育课程，以全面提升孩子们的运动能力，让孩子获得受益终生的训练技术、健康知识、训练态度和生活习惯，以及成年后参与体育运动所需要的知识和信心，并为未来的运动生涯打下基础。

（6）如何保障每一个孩子的训练积极性？

现代儿童和青少年的生活方式与历史上任何时期相比都发生了根本性的变化。不同于过去，现代孩子们大部分时间都在有封闭保护的环境下进行着消极的娱乐活动。要激发孩子的训练兴趣，首先要打破成人"缩小版"的训练模式，取而代之的应该是根据每个不同年龄、体质和特点的孩子定制个性化计划，最大限度地提升孩子对参与训练的兴趣，激发他们的好奇心和挑战心理。

对于每个孩子来说，体育活动都应该是有趣且愉快的，而不应仅仅是有天赋的孩子才会有这种感觉。体育活动并不一定要有明确的名次目标，我们必须停止将10岁的孩子作为年轻版的成人运动员来对待这种做法，而应让他们顺其自然地发展，让孩子们自由地活动、玩耍和娱乐，在运动中展示自我。在设计上，要敢于打破传统的体育教学套路，设计一些孩子喜欢并易接受的创新性体能练习方法，让每一个孩子都能够毫无压力地参与其中，从而摆脱久坐少动、肥胖和营养过剩对身体带来的不利影响，在轻松和欢乐中逐步提升自身的身体素质和运动表现。

在教学方法上，教师在训练的开始阶段要"低估"孩子的运动能力，然后逐步增加动作难度和运动强度，并且始终强调动作的规范性而不追求过度练习，坚持适当的练习永远优于过度训练。此外，教师要多与孩子进行互动，关注孩子的情绪状态，了解他们的想法和感受，多给予孩子鼓励和赞扬。教师还应及时记录训练信息，监督训练成果，让孩子理解和感受训练的益处，享受训练过程，从而激发孩子终身锻炼的兴趣。

一个全面的儿童青少年训练计划的执行过程，应该包含艺术和科学两个方面。科学是为了理解训练的原理和方法，艺术则是为了满足不同需求、目标和能力的训练者，并为其设计安全、高效和有趣的训练计划。对于孩子的训练不用过分讲究"No pain, No gain"（无痛则无果），训练不仅仅是为了增长肌肉力量和运动表现水平，更是为了让孩子了解自己的身体，保持运动的兴趣，收获更多的快乐。这种快乐是在掌握技能与完成挑战性任务之间的平衡中获得的，孩子只有在训练中获得了知识、技能和信心，并且感受到训练所具有的挑战性时，身体训练才是一种有趣的活动。

5. 本丛书的对象和受众

本丛书的阅读对象分为四类人群：儿童和青少年的家长；学校体育教师和从事儿童和青少年身体训练相关研究工作的人员；专业从事儿童和青少年体能教育培训的教练或技术人员；相关基层专业队、青少年俱乐部队伍的教练。此外，具备一定知识的青少年也可以直接阅读本丛书。

丛书分为两个系列："儿童身体训练动作指导丛书"和"青少年身体训练动作指导丛书"。目标受众是6~15岁的儿童和青少年。按照国内学龄阶段的划分，分为小学和中学两个学历阶段，同时按照九年义务教育的年限，按每三岁一个年龄区间分为3个层级，如下表所示。

儿童和青少年年龄、年级、学龄划分表

层级	年级划分	年龄区间	人群属性	学龄阶段
一	1~3 年级	6~8 周岁	儿童	小学生
二	4~6 年级	9~11 周岁	儿童	小学生
三	7~9 年级	12~14 周岁	少年	初中生

其中，第一层级和第二层级都属于小学阶段，对应的是"儿童身体训练动作指导丛书"，第三层级属于初中阶段，对应的是"青少年身体训练动作指导丛书"。当然，年级、学龄阶段不代表孩子的发育水平和身体运动能力水平，每个年级或年龄阶段都可能有处于不同发展水平的孩子，而且差异会很大。

国内对于儿童与青少年的界限划分以及对应的中英文词汇的使用还比较含糊，为此，在查阅和参考相关资料的基础上，丛书在此做一个术语用法的大致介绍，同时明确一下年龄界限划分。美国国家运动医学学会（NASM）认为，青少年（Youth）这个词汇涵盖了一个较大的年龄范围，并且有广泛的含义，比如"青年时代"的意思，基本包含了儿童和少年阶段。美国疾病控制和预防中心（CDC）则使用儿童（Children）和青春期少年（Adolescent）两个词汇来对两组人群进行区分。通常来讲，刚出生到1周岁之间的小孩被称为婴儿（Infant），1~3周岁则被称为幼儿（Baby），学龄前儿童（Preschool

Children）相当于我们国家的幼儿园阶段，即3~6周岁，儿童（Children）所指的年龄范围为3~12周岁，而青少年（Teenager）所指的年龄范围为12~18周岁。NASM还指出，当涉及运动反馈时，儿童（Children）通常所指的年龄范围为6~12周岁，因为3~5周岁的儿童在分级测试和需要最大极限的运动中不会涉及。

此外，丛书在此要对英文中Kids、Adolescent、Juvenile 和Teenager等几个相关词的意思和年龄界限进行一个简要释义。Kids（孩子）多从关系属性上强调相比之下跟自己感情亲近的孩子，更加口语化，而Children（儿童）更多泛指所有的孩子，没有感情亲疏之分。Adolescent（青春期少年）这个词有名词和形容词的双重属性，强调的是孩子处于青春发育期这个阶段，年龄区间一般是10周岁左右。Juvenile 也可以作形容词和名词，指没有发育成熟的青少年。而Teenager 是这几个词当中定义和年龄界限最明确的一个，指12~18周岁的青少年。参考下表，你将有一个清晰的了解。

术语年龄界限划分参照表

中文用词	婴儿	幼儿	学龄前儿童	儿童	青少年	青少年（广泛）
英文用词	Infant	Baby	Preschool Children	Children	Teenager	Youth
年龄范围	0~1周岁	1~3周岁	3~6周岁	3~12 周岁	12~18周岁	6~18周岁

2019 年9 月27 日

前　言

在目前适合国内中小学生的完整的身体训练体系还在摸索和构建的背景下，本丛书期待为广大体育和教育领域的工作者，尤其是中小学体育教师提供针对儿童青少年体能教育的指导策略和教学模式参考，并帮助其设计适合不同发育水平孩子的身体训练课程，从而丰富体育课程的内容，达到全面提升儿童和青少年身体素质与健康水平的目的。丛书突出了儿童和青少年训练的针对性、规范性和实效性，丰富了儿童和青少年运动训练的多样化方式，可作为广大体育教师、教练、体能训练师、健身教练和健身爱好者的参考书。

本丛书的内容参考了国内外多部与训练相关的图书和视频，包括《身体功能训练动作手册》，以及来自美国NASM的YES（Youth Exercise Specialization）教程和美国Gopher公司开发的Achieve儿童运动教程等。教师和教练可以根据孩子的年龄、个体能力及训练年限，选择从入门到高级的训练动作，作为制定训练计划的参考。

"儿童身体训练动作指导丛书"和"青少年身体训练动作指导丛书"的核心目的是动作指导，为了使用方便，同时便于读者找到合适的参考，本丛书按照徒手训练、拉伸训练和各种不同小器械训练的方式进行分类。在维度设置上，本丛书并没有按照训练板块，如热身整理、准备活动、基本动作技能、力量训练、核心训练、拉伸训练、快速伸缩复合训练、速度训练、游戏、瑜伽、有氧心肺、稳定性训练和灵活性训练进行划分，也没有从身体素质，如力量、爆发力、平衡、柔韧、灵敏、速度、心肺耐力和肌肉耐力等维度来设置。但是，丛书在动作体系分类中体现了以上两个维度，同时按照身体部位（如上肢、下肢和躯干等）和身体姿势（如站立姿、半跪姿、仰卧姿和俯卧姿等）等多维度来综合设置。

其中，"儿童身体训练动作指导丛书"针对1~6年级的小学生，年龄区间为6~11周岁，全套包括《儿童身体训练动作手册：徒手训练》《儿童身体训练动作手册：拉伸训练》《儿童身体训练动作手册：弹力带训练》《儿童身体训练动作手册：瑞士球与迷你带训练》《儿童身体训练动作手册：哑铃与壶铃训练》《儿童身体训练动作手册：药球与BOSU球训练》《儿童身体训练动作手册：栏架、平衡垫、泡沫轴与按摩棒训练》。

"青少年身体训练动作指导丛书"针对初中生，年龄区间为12~14周岁，全套包括《青少年身体训练动作手册：徒手训练》《青少年身体训练动作手册：拉伸训练》《青少年身体训练动作手册：弹力带训练》《青少年身体训练动作手册：哑铃训练》《青少年身体训练动作手册：瑞士球训练》《青少年身体训练动作手册：药球与壶铃训练》《青少年身体训练动作手册：BOSU球与迷你带训练》《青少年身体训练动作手册：栏架、泡沫轴与按摩棒训练》。

每本书均由三部分构成：第一部分介绍训练所用小器械的基础知识、主要训练优势，以及主要涉及的训练板块，如BOSU球主要用于平衡稳定练习，哑铃主要用于力量练习，栏架多用于灵敏练习和快速伸缩复合训练；第二部分是动作的详细板块，按照训练板块、身体部位、身体姿势和素质类别等，从多个维度和层面将动作进行了细致划分，以图文结合的形式详细介绍每一个具体的动作练习，说明动作步骤、动作要点和注意事项，且部分动作有对应的参考视频，读者可以通过扫描二维码进行查看；第三部分是训练计划示例，提供了若干个参考性训练计划。训练计划针对不同目的、不同水平的儿童青少年设计。当然，书中所列的计划只是一个简要的参考，读者可以根据需求或训练对象的具体情况设计更加多样化和个性化的训练计划，以实现高质量体育教学的目标。

本丛书根据不同年龄段儿童和青少年的生理、心理及营养等发展特征，并参考目前国外流行的LTAD模型，确定适用于不同年龄段的体能训练动作和活动方式，比如《儿童身体训练动作手册：徒手训练》就涵盖了儿童肌肉力量和耐力、协调性、速度、灵敏反应、柔韧性和能量代谢练习等多个素质类别，同时还提供多种动作模式练习、双人配合练习、爬行练习和儿童瑜伽等丰富多彩的实践内容，帮助他们提升运动表现，加强团队合作，并享受运动带来的健康和乐趣。

这套丛书联合体育训练和学校体育行业的国内外专家，参考国际最新的儿童和青少年训练体系及领域研究成果，以简洁实用的动作练习和丰富实用的训练计划来呈现，拟搭建6~15岁范围内中、小学的两段课程体系，构建中小学身体训练课程及儿童和青少年体质健康解决方案，帮助施教者提供更安全、更科学、更具趣味性的体育教学，促进儿童和青少年更积极地参与体育活动，更轻松易行地掌握基本运动技能，更科学合理地全面提高身体素质。

动作视频在线观看说明

为了帮助儿童快速掌握动作技术，科学地进行身体锻炼，本书提供了大部分动作练习的演示视频，具体可通过以下步骤在线观看。

步骤1 打开微信"扫一扫"（图1）。

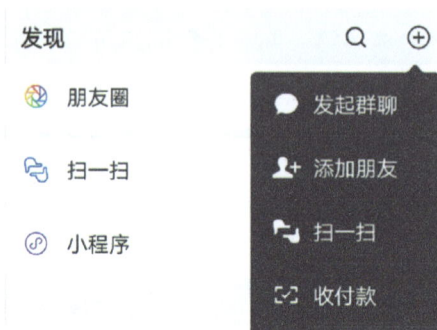

图 1

步骤2 扫描动作练习页面上的二维码（图2和图3）。

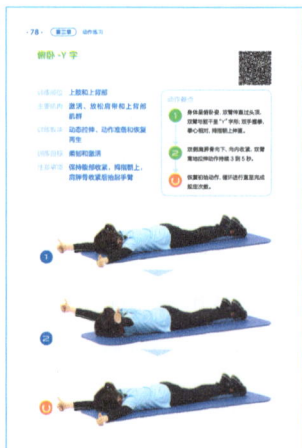

图 2

图 3

步骤3 如果您尚未关注微信公众号"人邮体育"，扫描后会出现"人邮体育"的二维码（图4）。请根据说明关注"人邮体育"（图5），并在关注后点击"资源详情"（图6），即可进入动作视频观看页面（图7）。如果您已关注微信公众号"人邮体育"，扫描后可直接进入动作视频观看页面。

图 4

图 5

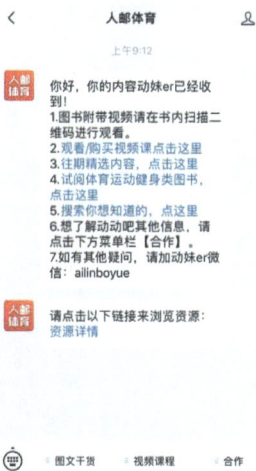

图 6

图 7

特殊说明：

1．全书共提供了53个动作视频，且每个动作视频对应一个二维码。

2．考虑到部分动作练习的单次演示时间较短和动作难度较大的情况，同时为了达到更好的指导效果，动作视频将重复演示动作练习若干次。此外，为了更好地展示动作细节，部分动作视频将从不同角度或书中演示侧的对侧演示动作练习并重复若干次。

目录 CONTENTS

CHAPTER 03 第三章

动作练习

CHAPTER 04 第四章

训练计划

CHAPTER

01

拉伸训练基础知识

拉伸训练是所有训练体系中不可或缺的练习方法。了解拉伸训练的含义和生理机制，能够帮助练习者更科学、高效地进行训练。

1.1 拉伸训练概述

　　拉伸又称伸展，是所有训练体系中提升身体柔韧性和灵活性、预防运动损伤的不可或缺的练习方法。拉伸训练主要针对特定的肌肉、韧带或关节，通过增加骨骼肌起止点间距或不同骨骼间距的方式，调整肌肉张力，并提高关节的活动度。柔韧性和灵活性对儿童完整地完成一个训练动作或一项运动项目，并取得较为满意的结果有着至关重要的影响。

　　在运动过程中，良好的柔韧性和灵活性有助于练习者增大动作幅度，实现动作效果最大化。相反，柔韧性和灵活性差会影响动作技能的掌握，同时可能会限制力量、速度、协调性等其他身体素质的发展。在运动前的准备活动过程中，拉伸可以有效降低肌肉黏滞性，从而减少不必要的能量损耗；同时由于拉伸带来的肌肉弹性的增加，可以进一步提高肌肉的

收缩速度和收缩力量，从而在训练过程中促使身体更合理地完成动作，预防运动损伤。在运动后的放松恢复过程中，拉伸可以改善关节周围软组织的伸展性以及肌肉张力，进一步放松肌肉，同时拉伸还可以加快血液和淋巴循环，促进代谢产物的排除，并缓解运动后短期内肌肉的延迟性酸痛，促进超量恢复。

儿童正处于身体发育的特殊阶段，正确运用拉伸来积极发展儿童身体的柔韧性和灵活性，对于儿童身体素质的全面发展影响深远。经常进行拉伸训练不仅可以有效提高身体素质，同时能够在很大程度上帮助儿童远离运动损伤，避免对运动产生恐惧心理，从而培养其对运动的兴趣，养成终身运动的习惯。

1.2　拉伸的生理机制

关节

关节指两块或两块以上的骨之间能活动的相连接的地方。它的活动方向和幅度是由其结构决定的，通常受骨的连接方式、关节附着的肌腱和韧带的弹性以及关节周围软组织厚度等多种因素的影响，因此，这些结构特征在一定范围内可以被改变。但是其改变与发展必须限制在关节结构所允许的范围内，所以在进行拉伸时，动作幅度应在关节结构可承受的范围内。适宜的拉伸会使关节活动幅度有一定程度的增加，相反的，若幅度超过允许范围则会引起关节损伤而降低其稳定性。

肌肉骨骼系统

肌肉骨骼系统由肌肉和骨骼组成，它们为身体内部器官提供保护。骨骼为身体提供结构和姿势支持，肌肉则通过收缩来产生张力使身体具有运动能力。为了发挥它们的功能，骨与骨之间必须在某处互相连接，而这个接点就是关节，这种连接主要是由韧带协同肌肉构成的。肌肉通过肌腱与骨头相连。但是骨骼、肌腱和韧带不像肌肉那样具有使身体运动的能力。在这方面，肌肉是非常独特的，它拥有收缩和被拉伸的能力。

肌节是肌纤维收缩的基本单位，也是肌纤维伸展的开始。随着肌节的收缩，厚肌和薄肌之间的重叠面积增加。当它伸展时，这个重叠区域减少，肌纤维得以伸展。一旦所有的肌节都被充分拉伸，肌纤维达到最大静止长度，额外的拉伸张力将会作用于周围的结缔组织。随着张力的增加，结缔组织中的胶原纤维沿着张力的相同方向进行排列。因此，当肌纤维被拉伸到肌节的极限长度时，结缔组织就会负责承受余下的张力。这种情况有助于肌肉在张力的方向上重新排列任何紊乱的纤维，进而帮助瘢痕组织恢复健康。

　　当肌肉被拉伸时，它的一些纤维会变长，但其他纤维可能会保持静止。整个肌肉的当前长度取决于被拉伸的纤维的数量（类似于肌肉收缩的总强度取决于收缩募集肌纤维的数量）。拉伸的纤维越多，肌肉被拉伸得就越长。

神经系统

　　关节活动范围有时也会因为某些肌肉没有得到充分的放松而受到限制，这通常是由中枢神经系统的协调能力所决定的。在最大限度增加关节活动幅度时，主动肌的收缩势必需要克服拮抗肌、关节囊和韧带等结缔组织的弹性阻力，主动肌长度缩短后，肌张力下降。因此，有针对性地改善主动肌与拮抗肌之间的协调性，能够有效改善关节活动范围。

　　拉伸过程中一个常见的生理现象是，当一侧肌肉或者说主动肌收缩时，为了引起预期的运动，它通常迫使另一侧肌肉，也就是拮抗肌放松，这种现象被称为交互抑制。这种对拮抗肌的抑制并不是必需的。事实上，共收缩也可能发生。当你做仰卧起坐时，人们通常认为腹部肌肉的收缩会抑制腰部甚至下背部肌肉的收缩。然而，在这种情况下，竖脊肌这样的背部肌肉也会收缩。这就是为什么仰卧起坐对背部和腹部都有好处的原因之一。

　　当拉伸时，拉伸放松状态下的肌肉比拉伸收缩状态下的肌肉更容易。利用交互抑制原理，你可以使主动肌收缩，使拮抗肌在放松的状态下达到更好的拉伸效果。你还可以放松任何你试图拉伸的作为拮抗肌的肌肉。例如，当你拉伸你的腓肠肌时，你可以通过背屈来收缩小腿前侧肌肉群，此时小腿后侧肌肉群将被拉伸。

　　牵张反射也是拉伸中一种重要的生理机制。它指当肌肉被拉伸时，肌肉内记录长度和速度变化的纺锤体也被拉伸而产生冲动并向脊髓发送信号的过程。触发的牵张反射试图通过使被拉伸的肌肉收缩来抵抗肌肉长度的变化。肌肉长度的变化越突然，肌肉收缩就会越强烈。这类反射能够避免一块肌肉被过快、过长地牵伸，从而保护关节、肌肉免于损伤。

拉伸时，需要在某一姿势保持一定时长的原因之一就是肌肉纺锤体会适应新的肌肉长度并减少其信号传导。渐渐地，你可以训练你的本体感受器，让肌肉得到更大的伸展。

有资料显示，经过大量的训练，某些肌肉的牵张反射是可以控制的，因此在突然伸展时，将会很少或没有反射性收缩。虽然这种类型的控制提供了获得最大灵活性的机会，但如果使用不当，也会带来巨大的受伤风险。

1.3 拉伸的分类

拉伸方法的分类有多种：根据拉伸过程中的施力方式可分为主动拉伸和被动拉伸；根据拉伸动作的特征可分为动态拉伸和静态拉伸；随着拉伸技术的发展，一些复合型的拉伸方法也应运而生，例如本体感受神经肌肉性促进法拉伸和主动分离式拉伸。下面将根据动作特征的分类方式对这些不同的拉伸方法进行介绍。

静态拉伸

顾名思义，静态拉伸是指缓慢地将肌肉、韧带等软组织拉长到一定程度后保持一段时间静止不动的拉伸方法。静态拉伸对改善关节活动范围、缓解身体疲劳和减少运动损伤等方面均有良好的作用，其经常作为恢复手段在训练与比赛结束后使用。但有相关研究证明，静态拉伸会降

低肌肉的力量、爆发力、速度、耐力，还可能会影响反应时间和动作时间。因此，在安排静态拉伸和动态拉伸时，要注意静态拉伸与动态拉伸的适当比例和前后顺序，以达到既增大关节活动范围，又提高肌肉工作效率的目的。

　　静态拉伸的顺序一般是自下而上、从大到小，即从下肢到躯干再到上肢，从大肌肉群到小肌肉群。静态拉伸的适宜时长一般在10～60秒。但考虑到儿童的身体发育和年龄等因素，静态拉伸保持10～30秒即可。拉伸到稍有不适感即可，不要过度拉伸，以确保获得静态拉伸的最大收益。因此，在进行静态拉伸时，不仅要注意拉伸动作姿势的正确性，对拉伸的安排以及拉伸时长和程度的控制也是非常重要的。

动态拉伸

　　动态拉伸是指有节奏且速度略快地多次重复同一动作的拉伸方法。动态拉伸对提高肌肉的伸展性与收缩性、促进血液循环、提高肌肉的弹性和动作效果等方面均有良好的作用。动态拉伸常被用于身体功能训练的准备活动和动作纠正练习中。纠正练习一般在力量训练板块中每组力量动作练习结束后

使用，其针对动作所涉及的主要目标肌群，采用相关动态拉伸纠正练习来增加"动作关节活动范围"。这对目标肌群肌纤维长度的复原以及保持或增加接下来力量练习的动作速度有较好的促进作用。

准备活动中的动态拉伸，一般每个动作持续1~2秒，重复4~6次，完成1~2组；动作纠正练习中的动态拉伸，一般每个动作保持2秒，重复4~6次，完成1组。

本体感受神经肌肉性促进法拉伸

本体感受神经肌肉性促进法拉伸（Proprioceptive Neuromuscular Facilitation Stretching，简称"PNF 拉伸"），是通过刺激本体感受器，来改善肌肉功能，扩大关节活动范围的方法。其强调多肌群、多关节参与整体运动。从练习形式上看，PNF 拉伸和静态拉伸方法相似，都需要练习者将肌肉、韧带等软组织缓慢地拉长到一定程度后保持一段时间静止不动，但二者在机理上有本质的区别，PNF 拉伸的生理学理论依据是利用逆牵张反射。PNF 拉伸可用于热身活动，也可用于训练的放松恢复阶段。PNF 拉伸经典的三种技术类型分别是静力-放松、收缩-放松和静力-放松加主动肌收缩。这三种技术类型的肌肉活动方式都能在被动拉伸之前，通过等长收缩和向心收缩，引起自身本体感受性抑制。上述三种PNF 拉伸技术都分为三个阶段：第一阶段是被动静力式拉伸，持续时间一般为10秒；第二阶段的肌肉活动方式不同，持续时间与组数依据具体操作而定；第三阶段依然是被动静力式拉伸，持续时间一般为30秒。

主动分离式拉伸

　　主动分离式拉伸（Active Isolated Stretching，简称"AIS"），是30多年前由美国康复师Aaron Mattes开发的一套针对性拉伸方案。主动分离式拉伸是通过加强主动肌的主动收缩和中枢神经的交互抑制从而增加被拉伸关节的活动度。AIS拉伸方法与PNF拉伸方法不同，首先是被拉伸者主动拉伸，然后是辅助者帮忙施力来进行拉伸。如果没有辅助者，被拉伸者通常可借助2～3米的牵拉绳进行牵拉，单独将被牵拉肌肉主动拉长到最大活动幅度，保持时间不超过2秒，然后回到起始位置，一般重复8～10次。

　　AIS技术主要遵循四条基本准则。一是将被拉伸的肌肉进行隔离。通过主动收缩被拉伸肌肉的拮抗肌，将被拉伸的肌肉隔离。如果拉伸腘绳肌，首先主动收缩股四头肌。大脑会发出信号让腘绳肌放松，为其拉伸提供了环境。二是重复拉伸8～10次。8～10次的重复可以增加被拉伸肌肉的血液循环、氧气和营养素供给，能排除更多代谢产物，加快肌肉恢复，可以让肌肉在这个环节中获得最大的柔韧性。三是每次肌肉拉伸时间不超过2秒。这是为了避免牵张反射，防止肌肉或肌腱过度、过快拉伸，是身体对张力、扭力或牵扯的自主保护反应。通过短暂拉伸，增加活动幅度并避免疼痛。四是拉伸时呼气，放松时吸气。呼吸在缓解肌肉疲劳时起着关键作用，因为更多的氧气供给会增强乳酸代谢。

CHAPTER 02

第二章

拉伸训练在儿童身体素质提升锻炼中的运用

适当的拉伸训练不仅可以提高运动效率，还可以有效预防运动损伤，在儿童身体素质提升训练中具有独特的运用优势。但儿童仍须了解进行拉伸训练时的一些注意事项，且最好在家长、老师或者教练的保护下进行。

2.1 拉伸训练的益处

在我国，儿童普遍由于肌肉力量不足或肥胖等原因，导致身体柔韧素质水平低下。例如，在学校的体质达标测试中，某些儿童在能够反映柔韧素质水平的坐位体前屈项目中，常常由于肌肉力量不足和腹部脂肪堆积而无法达标。柔韧素质作为评价身体机能的一项重要指标，决定了身体在保持或切换各种动作时的伸展能力及协调性。因而对于儿童来说，想要正确掌握动作姿势的要点并达到测试标准的要求，良好的柔韧性是必不可少的条件。增强儿童的柔韧素质，可以有效提高其运动表现，降低运动损伤风险，使其在运动中身体更加灵活。

训练相对安全

拉伸训练对于提高身体整体的柔韧性来说安全有效。与其他训练方式（如操作像哑铃、杠铃这种类型的健身设备或者更复杂的器械）相比，拉伸训练更安全。练习者无须担心因器械操作不当带来的损伤风险，而且在进行其他种类的训练前后进行拉伸训练，可以充分激活身体，有效放松肌肉，防止运动损伤的发生。

保持良好姿态

肌肉紧绷经常会造成慢性疼痛和不良姿势的恶化。例如，需较长时间坐在书桌前学习的儿童，不良的坐姿可能会造成其肩、颈部肌肉紧张和酸痛，导致关节活动度降低，无法完成正常动作。拉伸训练对于促进肌肉放松，增加关节活动度，改善不良姿势是非常有效的。另外，肌肉长期紧绷，造成疲劳、损伤甚至撕裂后可能会导致肌肉粘连。拉伸训练可以有效缓解肌纤维及软组织内的黏滞现象，避免肌肉结块并提升线条感，起到塑形的效果。

加速运动后恢复

人体在进行有效的力量训练或其他训练后，肌肉中会有大量乳酸堆积，导致训练后几日内肌肉酸痛。特别是长时间缺乏锻炼的儿童，这种情况尤为明显。大多静坐少动的儿童在完成学校的体质测试或体育课程要求的800米或1000米跑步后会出现连续几天内肌肉酸痛，肌力下降，从而影响日常活动的情况。进行拉伸训练，可以有效减少此类状况的发生。因为充分的拉伸能够促进血液循环，帮助身体加速排出肌肉中堆积的乳酸，加快身体恢复，缓解运动后肌肉的酸痛感。

缓解压力，改善情绪

拉伸不仅可以从身体上帮助练习者放松僵硬紧绷的肌肉，还可以从精神上让练习者摆脱紧张的状态。对于注意力相对发散的儿童来说，拉伸训练可改善其注意力，有助于释放心理压力，提高睡眠质量，缓解精神紧张、情绪失控等问题。

2.2 拉伸训练的注意事项

拉伸训练时，应注意以下事项。

（1）安全第一。儿童锻炼时要先检查周围环境是否安全，是否穿戴合适的运动鞋和衣服。注意练习时不要相互恶作剧，那样会给同伴带来伤害。一旦有意外运动损伤发生时要及时处理或寻求专业帮助。

（2）拉伸训练一定要按照循序渐进的训练原则进行，应根据练习者自身的生理条件来设定拉伸程度；根据练习者的身体情况和需求，制定明确合理的拉伸目标。

（3）动态拉伸可以直接放在热身内容里，热身后也可以进行静态拉伸，通常热身后的静态拉伸会比热身前直接进行静态拉伸更加科学合理。如果先进行热身活动可增加运动肌肉的血液循环，缓解肌肉僵硬，促使肌肉温度升高，然后通过拉伸可进一步增加肌肉的柔韧性与关节的灵活性，在一定程度上降低运动损伤发生的风险。

（4）拉伸时应把注意力集中在目标肌肉上，保持正常呼吸，并且缓慢有规律。呼吸可以为肌肉提供所需氧气，减缓张力，因此在拉伸过程中切勿屏住呼吸。呼吸越有节奏，肌肉的供氧效率就越高，放松效果也会越好。

（5）不要把疼痛当作检验拉伸效果的标准。在拉伸过程中，疼痛会使肌肉紧张并阻止肌肉被进一步拉长，如果再继续拉伸的话，肌肉有可能会受到损害，因此有中等程度的牵拉感才是正确的拉伸感觉。

（6）运动后的静态拉伸应在运动结束后5 ~ 10分钟内进行，由于运动时肌肉重复收缩导致肌纤维长度缩短，通过拉伸可以使肌肉恢复到正常的静息长度，增加肌腹和肌腱的弹性，缓解肌肉酸痛。

CHAPTER

03

动作练习

　　儿童可以根据自身条件选择不同姿势下的拉伸方法对目标部位进行拉伸。明确动作练习的训练部位和训练目标，掌握动作要点和注意事项，是练习者获得理想训练效果的基础和保障。

3.1 站姿

抱膝前进

1

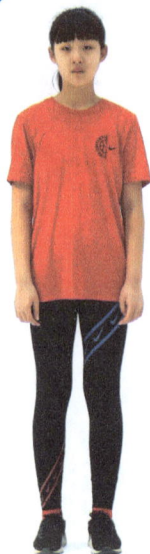

2

视角转换

站姿

训练部位	**下肢**
主要肌肉	**拉伸前侧腿的臀大肌和腘绳肌，以及后侧腿的髋关节屈肌**
训练板块	**动态拉伸、动作准备和动作技能**
训练目标	**柔韧、平衡和激活**
注意事项	**在拉伸过程中保持胸部挺直，收紧支撑腿一侧的臀大肌**

动作要点

1 身体直立，双脚间距与肩同宽，腹部收紧，抬头挺胸，目视前方。

2 右膝抬至胸前，双手抱膝向上提拉，右脚脚尖勾起；左脚全脚掌撑地，收紧支撑腿一侧的臀大肌；保持背部挺直，拉伸动作持续 1 到 2 秒。右脚向前落地。

换至对侧，循环进行，直至完成规定次数。

斜抱腿（摇篮抱腿）

视角转换

站姿

训练部位	**下肢**
主要肌肉	**拉伸前腿髋关节外侧肌群和后腿髋关节屈肌**
训练板块	**动态拉伸、动作准备和动作技能**
训练目标	**柔韧、平衡和激活**
注意事项	**在拉伸过程中保持胸部挺直，收紧支撑腿一侧的臀大肌**

动作要点

1 身体直立，双脚间距与肩同宽，腹部收紧，抬头挺胸，目视前方。

2 右膝尽量抬至胸前，右手扶右膝，左手扶脚踝呈"摇篮"状，缓慢用力向上提拉；同时左脚全脚掌撑地，收紧支撑腿一侧的臀大肌；保持背部挺直，拉伸动作持续1~2秒。右脚向前落地。

换至对侧，循环进行，直至完成规定次数。

股四头肌行进拉伸 - 手臂上伸

①

②

视角转换

站姿

训练部位 **躯干和下肢**

主要肌肉 **拉伸大腿股四头肌等肌群**

训练板块 **动态拉伸、动作准备和动作技能**

训练目标 **柔韧、平衡和激活**

注意事项 **保持膝盖指向地面，牵拉时不要过度伸展下腰背**

动作要点

1 身体直立，双脚间距与肩同宽，腹部收紧，抬头挺胸，目视前方。

2 左脚全脚掌撑地，左腿成为支撑腿；右腿向后屈膝，右手抓住右脚脚背或脚踝将其拉向臀部；同时左臂上举，右手用力拉伸右腿股四头肌，拉伸动作持续1~2秒，右脚向前落地。

↻ 换至对侧，循环进行，直至完成规定次数。

后交叉弓步

视角转换

训练部位	下肢、髋部和臀部
主要肌肉	**拉伸大腿外侧阔筋膜张肌、臀大肌和髂胫束等肌群**
训练板块	**动态拉伸、动作准备和动作技能**
训练目标	**柔韧、平衡和激活**
注意事项	**保持胸部挺直，重心在前脚跟上，下蹲时前侧腿膝关节不要超过脚尖**

站姿

动作要点

1 身体直立，双脚间距与肩同宽，腹部收紧，胸部挺直，双臂前平举。

2 右腿后撤一步置于左腿后方约45度角位置，
3 双腿呈交叉站立姿势，深蹲至感受到左腿外侧肌肉有中等强度的牵拉感，拉伸动作持续1～2秒。

4 慢慢起身，直至回到2的动作；双臂放下，置于身体两侧，右脚收回，
5 恢复站立姿。

↻ 换至对侧，循环进行，直至完成规定次数。

向后弓步 + 旋转

视角转换

训练部位	**胸椎、躯干和髋部**
主要肌肉	**拉伸髋关节屈肌、臀大肌以及腹内斜肌和腹外斜肌**
训练板块	**动态拉伸、动作准备和动作技能**
训练目标	**柔韧、平衡和激活**
注意事项	**前腿膝关节不要超过脚尖，拉伸时收紧后腿的臀大肌**

站姿

动作要点

1 身体直立，双脚间距与肩同宽，腹部收紧，抬头挺胸，目视前方。

2 右腿上抬，然后右脚向后跨步呈弓步分腿蹲姿势，前脚掌撑地，左腿大腿与地面基本保持平行；双手交叉置于左腿大腿上。

3 躯干慢慢向左侧旋转至最大幅度，同时左臂随躯干向身体后方外展，目视左手，右手置于左腿小腿外侧，拉伸动作持续1～2秒。

↻ 恢复初始动作，换至对侧，循环进行，直至完成规定次数。

三角肌前束 - 主动拉伸 - 向后伸展上提

训练部位	**上肢**
主要肌肉	**拉伸三角肌前束**
训练板块	**静态拉伸和动作准备**
训练目标	**柔韧**
呼吸建议	**1. 当双臂向身体后上方举起时，深呼气** **2. 在拉伸过程中，均匀地呼吸**
负荷建议	**静态拉伸练习的每个动作应保持10～30秒**

动作要点

1 身体直立，双脚间距与肩同宽，腹部收紧，挺胸抬头，双手交叉置于臀部后方，目视前方。

2 躯干不动，双臂沿身体后侧举起，直至三角肌前束有中等程度的牵拉感。

↻ 保持拉伸动作，直至达到规定时间。

肱三头肌 - 被动拉伸 - 手臂后伸屈肘后推

训练部位	**上肢**
主要肌肉	**拉伸肱三头肌**
训练板块	**静态拉伸和恢复再生**
训练目标	**柔韧**
呼吸建议	**1. 当一侧手推动另一侧手臂向后移动时，深呼气** **2. 在拉伸过程中，均匀地呼吸**
负荷建议	**静态拉伸练习的每个动作应保持10 ~ 30 秒**

站姿

①

②

③ ↻

动作要点

1 身体直立，双脚间距小于肩宽，腹部收紧，挺胸抬头，目视前方。

2 右臂屈肘上举过头顶，左手托在右肘

3 外侧推动右臂，直至肱三头肌有中等程度的牵拉感。

↻ 保持拉伸动作，直至达到规定时间。对侧亦然。

腕部屈肌和伸肌 - 被动拉伸 - 屈伸手腕

视角转换

站姿

训练部位	**上肢和手腕**
主要肌肉	**拉伸腕部屈肌和伸肌**
训练板块	**静态拉伸和动作准备**
训练目标	**柔韧**
呼吸建议	**1.当手拉向身体方向时，深呼气**
	2. 在拉伸过程中，均匀地呼吸
负荷建议	**静态拉伸练习的每个动作应保持10 ~30 秒**

动作要点

1 身体直立，双脚间距略比肩宽，腹部收紧，挺胸抬头，目视前方。

2 双臂前平举，左手抓住右手的手指，右手手指朝下、掌心朝内，左手向身体方向拉动右手手指，直至腕部屈肌有中等程度的牵拉感。

3 右手手指朝上、掌心朝外，左手抓住右手手指向身体方向拉动，直至腕部伸肌有中等程度的牵拉感。

↻ 保持拉伸动作，直至达到规定时间。对侧亦然。

胸肌 - 主动拉伸 - 动态胸部扩张

训练部位 **上肢和胸部**

主要肌肉 **拉伸胸肌**

训练板块 **动态拉伸和动作准备**

训练目标 **柔韧和激活**

呼吸建议 **1. 当肘部向后移动时，呼气**
2. 当肘部向前移动时，吸气

负荷建议 **动态拉伸练习的每个动作应持续2秒左右，并连续、可控制地完成4～6次**

动作要点

1 身体直立，双脚间距与肩同宽，腹部收紧，挺胸抬头，目视前方。

2
3 双臂屈肘侧平举，双手交叉置于脑后；双肘向后移动，直至胸肌有中等程度的牵拉感。

↻ 恢复初始动作，循环进行，直至完成规定次数。

背阔肌和两侧躯干屈肌 - 主动拉伸 - 动态侧向伸展

训练部位 **躯干**

主要肌肉 **拉伸背阔肌和两侧躯干屈肌**

训练板块 **动态拉伸和动作准备**

训练目标 **柔韧**

呼吸建议 **1. 当手臂向身体一侧倾斜时，呼气**
2. 当手臂回到起始姿势时，吸气

负荷建议 **动态拉伸练习的每个动作应持续2 秒左右，并连续、可控制地每边完成4 ~6 次**

站姿

动作要点

1 身体直立，双脚间距略比肩宽，腹部收紧，挺胸抬头，右臂伸直举过头顶，左臂屈肘，左手叉腰，目视前方。

2 躯干向左侧屈，右臂向左侧倾斜，右手掌心朝下，直至目标肌肉有中等程度的牵拉感。

↻ 恢复初始动作，换至对侧，双臂交替，直至完成规定次数。

1

2 **↻**

腘绳肌 - 被动拉伸 - 单腿屈髋

训练部位 **下肢**

主要肌肉 **拉伸腘绳肌**

训练板块 **静态拉伸和动作准备**

训练目标 **柔韧**

负荷建议 **静态拉伸练习的每个动作应保持10～30秒**

动作要点

1 左脚在前、右脚在后站立；左脚脚后跟撑地，左腿尽量伸直；右腿屈膝支撑身体，双手置于左腿膝关节上方；目视前方。

2 腿部不动，身体前倾直至腘绳肌有中等程度的牵拉感，目视左脚方向。

↻ 保持拉伸动作，直至达到规定时间。对侧亦然。

内收肌、胸腰椎回旋肌和躯干伸肌 - 被动拉伸 - 三角式

训练部位	**下肢和核心区域**
主要肌肉	**拉伸内收肌、胸腰椎回旋肌和躯干伸肌**
训练板块	**静态拉伸和恢复再生**
训练目标	**柔韧**
呼吸建议	**1. 当身体向一侧倾斜时，深呼气 2. 在拉伸过程中，均匀地呼吸**
负荷建议	**静态拉伸练习的每个动作应保持 10 ~ 30 秒**

动作要点

1 身体直立, 双脚分开站立, 双腿伸直, 右脚脚尖朝前, 左脚脚尖朝左; 双臂侧平举, 目视前方。

2 双臂不动, 身体向左侧倾斜, 直至左手触及左脚脚背或脚踝, 目标肌肉有中等程度的牵拉感; 同时右臂伸直指向天空, 目视右手方向。

↺ 保持拉伸动作, 直至达到规定时间。对侧亦然。

站姿

向后弓步走 - 腘绳肌拉伸

训练部位	**下肢和髋部**
主要肌肉	**拉伸腿部和髋部的所有伸肌**
训练板块	**动态拉伸、动作准备和动作技能**
训练目标	**柔韧、平衡和协调**
注意事项	**手臂上举时伸直贴耳，躯干前倾幅度以双手置于前脚后侧为宜**

3

4

动作要点

1 身体直立，双脚并拢，腹部收紧，挺胸抬头，目视前方。

2 右脚先上抬，然后向后弓步，身体下蹲

3 至右腿膝关节贴近地面，左腿大腿与地面基本平行；然后双手用力伸过头顶。

4 屈髋，双臂向前、向下伸展，双手置于前

5 脚的后侧；同时伸直左腿膝关节进行腘绳肌拉伸。

↻ 恢复初始动作，换至对侧，循环进行，直至完成规定次数。

侧弓步移动

1

2

3

视角转换

站姿

训练部位	**下肢和髋部**
主要肌肉	**拉伸大腿内侧肌群、股四头肌和髂腰肌等**
训练板块	**动态拉伸、动作准备和动作技能**
训练目标	**柔韧、平衡和协调**
注意事项	**保持胸部和背部挺直，脚尖始终向前，保持重心稳定且膝关节不要超过脚尖**

动作要点

1 身体直立，双脚间距与肩同宽，腹部收紧，挺胸抬头，目视前方。

2 右脚向右侧迈步，呈侧弓步，身体重心移至右腿；双脚脚尖朝前，全脚掌贴地。双臂前平举，与肩同高，掌心朝下；同时身体下蹲，保持左腿伸直，拉伸动作持续1～2秒。

3 起身直立，换至对侧，循环进行，直至完成规定次数。

反向腘绳肌拉伸 - 燕式平衡

視角转换

训练部位	**下肢**
主要肌肉	**拉伸腘绳肌**
训练板块	**动态拉伸、动作准备和动作技能**
训练目标	**柔韧、平衡和协调**
注意事项	**保持支撑腿微屈，背部挺直，髋关节与地面平行，尽量保持耳、臀部、膝盖和脚踝呈一条直线，使抬起的脚不接触地面**

动作要点

1 身体直立, 双脚间距小于肩宽, 腹部收紧, 挺胸抬头, 目视前方。

2 双臂侧平举, 与身体呈 90 度角, 双手握拳, 大拇指伸直始终朝上;

3 俯身并向后抬起右腿, 右侧臀部收紧, 尽量保持头部、臀部与右脚脚踝呈一条直线; 整个拉伸动作持续 1 ~ 2 秒; 目视正下方。

4 右腿放下, 回到动作 2。

↻ 恢复初始动作, 换至对侧, 双腿交替, 直至完成规定次数。

相扑式深蹲 - 腘绳肌拉伸

1

2

5

站姿

训练部位	**下肢**
主要肌肉	**拉伸大腿腘绳肌和腹股沟**
训练板块	**动态拉伸、动作准备和动作技能**
训练目标	**柔韧、平衡和协调**
注意事项	**1. 保持胸部和背部挺直，脚后跟不要离地，肘关节在膝盖内侧，起身时下腰背和股四头肌发力**
	2. 若降低动作难度，可以在脚跟处垫一个1～3厘米的垫片作为辅助，随着身体的灵活性的提升，辅助物的高度可以逐步降低

③

④

动作要点

1 身体直立，双脚间距与肩同宽，腹部收紧，挺胸抬头，目视前方。

2 身体前倾，双臂伸直，双手触及双脚脚尖，保持背部与地面基本平行。

3 身体下蹲，双腿屈膝，双手抓住双脚脚尖，保持背部挺直。

4 双手不动，臀部上提直至腘绳肌有中等程度的牵拉感，拉伸动作持续1～2秒。如果感觉比较轻

5 松，可以增加难度，用双手抓住双脚脚尖缓慢用力上拉，同时双膝伸直，直至腘绳肌有较强的牵拉感，拉伸动作持续1～2秒。

↻ 恢复初始动作，循环进行，直至完成规定次数。

四肢走 - 爬步

站姿

训练部位	**躯干、下肢和核心**
主要肌肉	**拉伸大腿腘绳肌与小腿腓肠肌等肌群**
训练板块	**动态拉伸、动作准备和动作技能**
训练目标	**柔韧、平衡和协调**
注意事项	**保持膝盖伸直，腹部收紧，肩与躯干发力，用手走时，可通过双手超过头顶位置来增加难度**

④

⑤

动作要点

1 身体直立，双脚间距与肩同宽，腹部收紧，挺胸抬头，目视前方。

2 屈髋弯腰，双臂伸直向下，双腿伸直。

3 双手撑地，指尖朝前，向身体前方爬行；同时双腿

4 尽量保持伸直状态，始终感觉腿部后侧肌肉有较强的牵拉感，双手移至头部正下方，直至无法支撑身体。

5 双臂不动，双腿伸直，双脚向双手方向行走，直至

6 形成直立站姿。

↻ 恢复初始动作，循环进行，直至完成规定次数。

最伟大拉伸 - 向前跨步时抵脚背

站姿

训练部位	臀部和下肢
主要肌肉	拉伸腹股沟、髋关节屈肌、大腿腘绳肌、小腿腓肠肌和臀大肌等肌群
训练板块	动态拉伸、动作准备和动作技能
训练目标	柔韧、平衡和协调
注意事项	始终保持后腿膝关节不接触地面，拉伸时处于伸直状态，并注意收紧臀大肌

动作要点

1 身体直立，双脚间距与肩同宽，腹部收紧，挺胸抬头，目视前方。

2 左脚向前迈步，呈左弓步；右腿伸直，右脚前脚掌撑地。

3 腿部不动，俯身，右手手掌撑地，左肘尽量贴地置于左脚内侧，拉伸动作持续 1～2 秒。

4 左臂从左腿内侧向上外展，目视左手，双臂呈一条直线，拉伸动作持续 1～2 秒。

5 左臂收回，双手置于左腿大腿两侧，指肚触地；左腿从屈膝变为伸直，脚后跟撑地，脚尖绷起，拉伸动作持续 1～2 秒。

↻ 恢复初始动作，换至对侧，双腿交替，直至完成规定次数。

3.1.2　肩关节和胸椎灵活性系列

站姿胸椎旋转

训练部位　**躯干（胸椎）**

主要肌肉　**拉伸背阔肌、肩部肌群**

训练板块　**动态拉伸、动作准备和动作技能**

训练目标　**柔韧、灵活和协调**

注意事项　**背部挺直，以胸椎为轴旋转躯干和头部**

动作要点

1 身体呈站姿，双脚间距略比肩宽，双膝微屈，膝盖不超过脚尖；屈髋，背部挺直，双手交叉放在脑后。

2 保持下肢与髋关节的稳定，以胸椎为轴，头部及躯干向右旋转，直至目标肌肉有中等程度的牵拉感；拉伸动作持续 2 秒左右。

↻ 恢复初始动作，换至对侧，循环进行，直至完成规定次数。

站姿 -I 字

训练部位	**上肢、肩部和背部**
主要肌肉	**激活、放松肩带和上背部肌群**
训练板块	**动态拉伸、动作准备和动作技能**
训练目标	**灵活性和激活**
注意事项	**保持背部挺直、拇指朝上，肩胛骨收紧后开始抬起手臂**

动作要点

1 身体直立，双脚间距离略比肩宽，腹部收紧，挺胸抬头，目视前方。

2 双膝微屈，膝盖不超过脚尖；屈髋，背部挺直，双臂下垂置于身前，双手握拳，拳心相对，拇指伸直，目视正下方。

3 双侧肩胛骨向下、向内收紧；双手抬起举过头顶，拇指朝上，与躯干呈"I"字形。

↻ 恢复初始动作，循环进行，直至完成规定次数。

1

2

3 ↻

站姿 -Y 字

训练部位　**上肢、肩部和背部**

主要肌肉　**激活、放松肩带和上背部肌群**

训练板块　**动态拉伸、动作准备和动作技能**

训练目标　**灵活性和激活**

注意事项　**保持背部挺直、拇指朝上，肩胛骨收紧后开始抬起手臂**

动作要点

1 身体直立，双脚间距略比肩宽，腹部收紧，挺胸抬头，目视前方。

2 双膝微屈，膝盖不超过脚尖；屈髋，背部挺直，双臂下垂置于身前，双手握拳，拳心相对，拇指伸直，目视正下方。

3 双侧肩胛骨向下、向内收紧；双手抬起举过头顶，拇指朝上，与躯干呈"Y"字形。

↻ 恢复初始动作，循环进行，直至完成规定次数。

1

2

3 **↻**

站姿-T字

训练部位 **上肢、肩部和背部**

主要肌肉 **激活、放松肩带和上背部肌群**

训练板块 **动态拉伸、动作准备、动作技能和恢复再生**

训练目标 **灵活性和激活**

注意事项 **保持背部挺直、拇指朝上，肩胛骨收紧后开始抬起手臂**

动作要点

1 身体直立，双脚间距略比肩宽，腹部收紧，挺胸抬头，目视前方。

2 双膝微屈，膝盖不超过脚尖；屈髋，背部挺直，双臂下垂置于身前，双手握拳，拳心相对，拇指伸直。

3 双侧肩胛骨向下、向内收紧；双臂外展至侧平举位，拇指朝上，与躯干呈"T"字形。

↻ 恢复初始动作，循环进行，直至完成规定次数。

站姿

站姿 -W 字

训练部位　**上肢、肩部和背部**

主要肌肉　**激活、放松肩带和上背部肌群**

训练板块　**动态拉伸、动作准备和动作技能**

训练目标　**灵活性和激活**

注意事项　**保持背部挺直、拇指朝上，肩胛骨收紧后开始抬起手臂**

动作要点

1 身体直立，双脚间距略比肩宽，腹部收紧，挺胸抬头，目视前方。

2 双膝微屈，膝盖不超过脚尖；屈髋，背部挺直，双臂下垂置于身前，双手握拳，拳心相对，拇指伸直。

3 双侧肩胛骨向下、向内收紧；双臂屈肘向侧上方抬起，直至肘部呈 90 度角，与躯干呈"W"字形。

↻ 恢复初始动作，循环进行，直至完成规定次数。

1

2

3 **↻**

3.2 跪姿和跪撑姿

半跪姿 - 股四头肌和屈髋肌群拉伸

训练部位	**下肢和髋部**
主要肌肉	**拉伸股四头肌和屈髋肌群**
训练板块	**动态拉伸、动作准备和恢复再生**
训练目标	**柔韧和平衡**
注意事项	**保持背部挺直，向身体前部推髋**

①

②

↻

动作要点

1 身体呈前后腿半跪姿势；左腿在前，屈膝呈 90 度角；右腿在后，右膝着地，右手握住右脚脚背；背部挺直，左臂伸直上举过头顶。

2 右手尽量将右脚拉向右侧臀部，身体慢慢前倾，直至右腿股四头肌和屈髋肌群有中等程度的牵拉感，拉伸动作持续 2 秒左右。

↻ 恢复初始动作，换至对侧，双腿交替，直至完成规定次数。

髋部屈肌 - 被动拉伸 - 跪式起跑者弓步

训练部位　**躯干（髋部）和下肢**

主要肌肉　**拉伸髋部屈肌和股四头肌**

训练板块　**静态拉伸和动作拉伸**

训练目标　**柔韧和平衡**

呼吸建议　**1. 当髋关节向前移动时，深呼气**
2. 在拉伸过程中，均匀地呼吸

负荷建议　**静态拉伸练习的每个动作应保持10 ~ 30秒**

动作要点

1 身体呈分腿跪姿，左腿在前，屈膝呈 90 度角，右腿在后，膝盖触地；背部挺直，双手置于左腿膝盖上，目视前方。

2 髋部向前移动，直至髋部屈肌有中等程度的牵拉感，拉伸动作持续 10 ~ 30 秒。

↻ 保持拉伸动作，直至达到规定时间。对侧亦然。

半跪姿 - 股四头肌拉伸

训练部位　**下肢**

主要肌肉　**拉伸股四头肌和屈髋肌群**

训练板块　**静态拉伸、动作准备和恢复再生**

训练目标　**柔韧和平衡**

注意事项　**保持背部挺直，向身体前部推髋**

动作要点

1 身体呈前后腿半跪姿势；左腿在前，屈膝呈 90 度角；右腿在后，右膝着地，右手握住右脚脚踝，背部挺直。

2 右手尽量将右脚拉向右侧臀部，身体慢慢前倾，直至右腿股四头肌和屈髋肌群有中等程度的牵拉感，拉伸动作持续 10～30 秒。

↻ 保持拉伸动作，直至达到规定时间。对侧亦然。

1

2

↻

跪姿和跪撑姿

跪撑胸椎旋转

①

②

③

训练部位　**躯干（胸椎）**

主要肌肉　**拉伸背阔肌、胸肌和肩部肌群**

训练板块　**动态拉伸、动作准备和纠正性练习**

训练目标　**柔韧和灵活性**

注意事项　**保持背部挺直和髋部稳定，支撑手臂尽量与地面垂直**

动作要点

1 身体呈俯身跪姿，右臂伸直，右手撑地，指尖朝前；左臂屈肘，左手抬起置于左耳侧；背部挺直，与地面基本平行；目视地面。

2 下肢与髋关节保持稳定，以胸椎为轴，头部与躯干向右旋转，直至左肘触及右臂。

3 头部与躯干再向左旋转，直至躯干前部有中等程度的牵拉感；同时目视左上方，拉伸动作持续2秒左右。

↻ 恢复初始动作，换至对侧，循环进行，直至完成规定次数。

跪姿和跪撑姿

单腿伸直 - 跪姿胸椎旋转

①

②

③

↻

训练部位　**躯干（胸椎）和髋部**

主要肌肉　**拉伸背阔肌、胸肌和肩部肌群**

训练板块　**动态拉伸、动作准备和纠正性练习**

训练目标　**平衡、柔韧、灵活性和协调**

注意事项　**拉伸时头部、背部和抬起的腿部尽量呈一条直线**

动作要点

① 身体呈俯身跪姿，右臂伸直，右手撑地，指尖朝前；左臂屈肘，左手抬起置于左耳侧；背部挺直，与地面基本平行；同时右腿抬起向后伸直，头部、背部和右腿尽量呈一条直线；目视地面。

② 下肢与髋关节保持稳定，以胸椎为轴，头部与躯干向右旋转，直至左肘触及右臂。

③ 头部与躯干向左旋转，目视左上方，直至躯干前部有中等程度的牵拉感，拉伸动作持续 2 秒左右。

↻ 恢复初始动作，换至对侧，双臂、双腿交替直至完成规定次数。

跪姿 - 背阔肌拉伸

训练部位　**肩部、背部和髋部**

主要肌肉　**拉伸背阔肌**

训练板块　**静态拉伸、动作准备和恢复再生**

训练目标　**柔韧**

呼吸建议　**1. 当身体向前倾时，深呼气**
　　　　　2. 在拉伸过程中，均匀地呼吸

负荷建议　**静态拉伸练习的每个动作应保持10～30秒**

动作要点

身体呈俯身跪姿，臀部向下坐于脚后跟上；背部尽量挺直，双臂伸直过头顶，前臂、双手触地，指尖朝前，面部朝地。整个拉伸动作持续 10～30秒。保持拉伸动作，直至达到规定时间。

视角转换

脚后跟坐姿（泡沫轴）- 胸椎灵活性牵拉伸

训练部位	躯干（胸椎）
主要肌肉	拉伸背阔肌、胸肌和肩部肌群
训练板块	动态拉伸、动作准备和纠正性练习
训练目标	柔韧和灵活性
辅助器械	泡沫轴

动作要点

1 身体呈俯身跪姿，臀部向下坐于脚后跟上；背部尽量挺直，右臂伸直置于泡沫轴上，右手张开，掌心朝左；左臂屈肘，左手抬起置于左耳侧。

2 下肢与髋关节保持稳定，以胸椎为轴，头部与躯干向左旋转，目视左前方，直至躯干前部有中等程度的牵拉感，拉伸动作持续 2 秒左右。

↻ 恢复初始动作，换至对侧，循环进行，直至完成规定次数。

脚后跟坐姿（泡沫轴）- 伸直、滚动、抬起

❶

训练部位	**躯干（胸椎）**
主要肌肉	**拉伸背阔肌、菱形肌和肩部肌群**
训练板块	**动态拉伸、动作准备和恢复再生**
训练目标	**柔韧和灵活性**
辅助器械	**泡沫轴**

❷

↻

动作要点

❶ 身体呈俯身跪姿，臀部向下坐于脚后跟上；背部尽量挺直，双臂的前臂置于泡沫轴上，双手张开，掌心朝上。

❷ 身体前倾，使头部、背部与地面基本平行；双臂滚动泡沫轴，同时向前伸展，直至上背部有中等程度的牵拉感，拉伸动作持续2秒左右。

↻ 恢复初始动作，循环进行，直至完成规定次数。

猫狗式 - 胸椎伸展

训练部位	躯干（胸椎）
主要肌肉	拉伸背阔肌、菱形肌、腹肌和肩部肌群
训练板块	动态拉伸、动作准备和恢复再生
训练目标	柔韧和灵活性
注意事项	双臂伸直尽量与地面垂直，双脚脚尖触地

动作要点

1 身体呈俯身跪姿，双臂伸直，双手撑地，指尖朝前；背部挺直，与地面基本平行；目视双手方向。

2 在呼气的过程中，腰背部尽可能地向下弯曲，头部抬起，目视前上方，拉伸动作持续2秒左右。

3 收腹收臀的同时吸气，腰背部尽可能地向上拱起。

↻ 恢复初始动作，循环进行，直至完成规定次数。

3.3 侧卧姿

侧卧 - 股四头肌和屈髋肌群拉伸

训练部位	**下肢**
主要肌肉	**拉伸股四头肌和屈髋肌群**
训练板块	**动态拉伸和动作准备**
训练目标	**柔韧和激活**
注意事项	**保持背部挺直，拉伸时拉伸腿尽量抬离地面**

动作要点

1 身体呈右侧卧姿, 头枕于右臂上; 左侧屈髋屈膝, 左臂伸直, 左手握住左脚脚踝, 左腿屈膝。

2 左手置于左脚脚踝, 将左腿向左侧臀部拉, 直至左腿股四头肌和屈髋肌群有中等程度的牵拉感, 拉伸动作持续 2 秒左右。

恢复初始动作, 换至对侧, 双腿交替直至完成规定次数。

侧卧姿

90-90 度牵拉 - 手臂绕摆

训练部位 躯干（胸椎）

主要肌肉 拉伸斜方肌、肩部肌群和胸肌

训练板块 动态拉伸、动作准备和恢复再生

训练目标 柔韧和灵活性

注意事项 保持背部挺直和髋部稳定，手臂绕摆过程中，手臂尽量伸直

动作要点

1 身体呈左侧卧姿，髋关节伸直（或屈髋呈90度角），双腿屈膝呈90度角；背部挺直，双臂伸直，双手合十。

2 下肢与髋关节保持稳定，以胸椎为轴，右臂绕过头部向身体后方展开，头部随手转动，直至右臂与躯干基本呈一条直线，目视正上方。

3 右臂、头部继续右转，目视右手方向，直至双臂侧平举，躯干前部有中等程度的牵拉感，拉伸动作持续2秒左右。

↻ 恢复初始动作，换至对侧，双臂交替直至完成规定次数。

90-90 度牵拉 - 屈膝

①

训练部位	**躯干（胸椎）**
主要肌肉	**拉伸斜方肌和胸大肌**
训练板块	**动态拉伸、动作准备和恢复再生**
训练目标	**柔韧和灵活性**
辅助器械	**泡沫轴**
注意事项	**拉伸过程中，保持膝关节紧贴泡沫轴，髋关节稳定**

②

动作要点

1 身体呈左侧卧姿，左侧髋关节伸直，左腿屈膝；右侧屈髋屈膝呈 90 度角，右膝置于泡沫轴上；左臂伸直与躯干呈一条直线，头部枕于左臂上；右臂屈肘置于骶骨位置。

2 下肢与髋关节保持稳定，缓慢地向身体后方转动右肩，头部向右转动，直至躯干前部有中等程度的牵拉感，拉伸动作持续 2 秒左右。

↻ 恢复初始动作，换至对侧，循环进行，直至完成规定次数。

↻

侧卧姿

反向 90-90 度牵拉

训练部位 **躯干（胸椎）**

主要肌肉 **拉伸背部肌群、肩部肌群和胸肌**

训练板块 **动态拉伸、动作准备和恢复再生**

训练目标 **柔韧和灵活性**

辅助器械 **泡沫轴**

注意事项 **拉伸过程中，保持膝关节紧贴泡沫轴**

动作要点

1 身体呈左侧卧姿，左侧髋关节伸直，左腿屈膝呈 90 度角；右侧屈髋屈膝呈 90 度角，右腿膝关节置于泡沫轴上；背部挺直，左臂伸直置于地面上，左手张开，掌心朝上，右臂伸直与地面垂直，右手张开，掌心朝左；目视左侧方向。

2 下肢与髋关节保持稳定，以胸椎为轴，向身体后方转动左肩，左臂、头部随着转动，使左臂与右臂平行，躯干前部有中等程度的牵拉感，拉伸动作持续 2 秒左右；目视左手方向。

3 右臂不动，左臂缓慢放下，恢复初始动作。

↻ 换至对侧，循环进行，直至完成规定次数。

3.4 仰卧姿

仰卧髋外展

训练部位	**下肢（髋部）**
主要肌肉	**拉伸腹股沟和大腿内侧肌群**
训练板块	**动态拉伸、动作准备和恢复再生**
训练目标	**柔韧和灵活性**
注意事项	**髋关节外展动作要缓慢、轻柔地进行**

①

②

↻

动作要点

1 身体呈仰卧姿，头部与躯干紧贴地面；双腿屈髋屈膝，双脚脚后跟撑地；双臂置于身体两侧，自然放于地面上。

2 左侧髋关节外展，使左侧膝关节尽可能地贴近地面，直至左侧腹股沟及左腿大腿内侧肌群有中等程度的牵拉感，拉伸动作持续 2 秒左右。

↻ 恢复初始动作，换至对侧，循环进行，直至完成规定次数。

仰卧姿

仰卧单腿转髋 - 腘绳肌和臀肌拉伸

训练部位 **下肢**

主要肌肉 **拉伸腘绳肌和臀肌**

训练板块 **动态拉伸、动作准备和恢复再生**

训练目标 **柔韧和灵活性**

呼吸建议 **1. 当一侧腿向对侧转动时，呼气**
　　　　　2. 当回到起始姿势时，吸气

负荷建议 **动态拉伸练习的每个动作应持续1~3秒，并连续、可控制地完成4~6次**

动作要点

1. 身体呈仰卧姿，双臂侧平举自然置于地面，掌心朝下，目视正上方。

2. 上肢与躯干不动，左腿屈髋屈膝向右侧地面旋转，直至左腿腘绳肌与左侧臀肌有中等程度的牵拉感。

↻ 恢复初始动作，换至对侧，双腿交替直至完成规定次数。

仰卧单臂转肩 - 背阔肌拉伸

训练部位　**躯干（上背部）**

主要肌肉　**激活、放松背阔肌和菱形肌**

训练板块　**动态拉伸、动作准备和恢复再生**

训练目标　**柔韧和灵活性**

呼吸建议　**1. 当身体被推起时，呼气**
　　　　　2. 当回到起始姿势时，吸气

负荷建议　**动态拉伸练习的每个动作应持续2秒左右，并连续、可控制地完成4～6次**

动作要点

① 身体呈仰卧姿，头部与背部贴地，腹部收紧，双臂伸直自然置于地面，掌心朝下；同时双腿屈膝基本呈90度角，双脚全脚掌触地。

② 双手从地面推起身体,呈臀桥式，使大腿、臀部、背部在一条直线上。右臂伸直贴近右耳，右手尽量贴地；同时身体向左转肩，直至目标肌肉有中等程度的牵拉感。

↻ 恢复初始动作，换至对侧，双臂交替直至完成规定次数。

躯干伸肌、背阔肌、菱形肌和臀肌 - 主动拉伸 - 仰卧式双膝紧抱

训练部位	**躯干**
主要肌肉	**拉伸躯干伸肌、背阔肌、菱形肌和臀肌**
训练板块	**静态拉伸和动作准备、恢复再生**
训练目标	**柔韧和协调**
呼吸建议	**1. 当肩膀从地面抬起时，深呼气** **2. 在拉伸过程中，均匀地呼吸**
负荷建议	**静态拉伸练习的每个动作应保持10 ～30 秒**

动作要点

① 身体呈仰卧姿, 头部与躯干紧贴地面; 双腿屈髋屈膝, 双臂自然置于身体两侧贴地, 双手张开, 掌心朝下。

② 双手交叉抱住双膝下部, 将双腿拉向胸部, 同时头部与肩部离地, 贴近双膝, 直至目标肌肉有中等程度的牵拉感。

↻ 保持拉伸动作, 直至达到规定时间。

臀肌、躯干伸肌和胸肌 - 主动拉伸 - 动态卧式脊椎扭转

训练部位 **躯干**

主要肌肉 **拉伸臀肌、躯干伸肌和胸肌**

训练板块 **动态拉伸、动作准备和恢复 再生**

训练目标 **柔韧和灵活性**

呼吸建议 **1. 当髋部和双膝向身体一侧 扭转时，呼气**
2. 当回到起始姿势时，吸气

负荷建议 **动态拉伸练习的每个动作应 持续2秒左右，并连续、可 控制地每边完成4～6次**

动作要点

1 身体呈仰卧姿，头部与背部贴地，腹部收紧，双臂侧平举，双手掌心朝下；同时双腿屈膝呈90度角，双脚全脚掌触地。

2 头部与双臂不动，躯干、髋部和双腿向身体左侧扭转，左膝尽量触地，直至目标肌肉有中等程度的牵拉感。

↻ 恢复初始动作，换至对侧，循环进行，直至完成规定次数。

仰卧姿

臀肌和梨状肌 - 被动拉伸 - 卧式 4 字体形

训练部位　臀部和下肢

主要肌肉　拉伸臀肌和梨状肌

训练板块　静态拉伸和恢复再生

训练目标　柔韧

呼吸建议　1. 当双手抱住大腿拉向胸部时，深呼气
　　　　　2. 在保持拉伸过程中，均匀地呼吸

负荷建议　静态拉伸练习的每个动作应保持10 ~ 30 秒

动作要点

1 身体呈仰卧姿, 双腿弯曲, 右脚交叉置于左腿大腿上, 呈 "4" 字形; 双手交叉抱住左腿大腿, 将左腿抬离地面。

2 双手继续抱住左腿大腿并拉向胸部, 直至目标肌肉有中等程度的牵拉感。

↻ 保持拉伸动作, 直至达到规定时间。对侧亦然。

视角转换

仰卧姿

腘绳肌 - 主动拉伸 - 动态仰卧式伸膝

训练部位　**下肢**

主要肌肉　**拉伸腘绳肌**

训练板块　**动态拉伸、动作准备和恢复再生**

训练目标　**柔韧**

呼吸建议　**1. 当左腿逐渐伸直时，呼气**
　　　　　2. 当回到起始姿势时，吸气

负荷建议　**动态拉伸练习的每个动作应持续1～3秒，并连续、可控制地每边完成**
　　　　　5～8次

动作要点

1 身体呈仰卧姿，右腿自然伸直置于地面，左腿屈髋屈膝呈 90 度角，双手交叉抱住左腿膝关节后侧。

2 双手不动，左腿尽量伸直与地面呈 90 度角，左脚与地面平行，直至左腿腘绳肌有中等程度的牵拉感。

↻ 恢复初始动作，每侧完成规定次数。对侧亦然。

视角转换

臀肌、躯干伸肌和胸肌-被动拉伸-卧式脊椎扭转

训练部位　躯干

主要肌肉　拉伸臀肌、躯干伸肌和背阔肌

训练板块　静态拉伸、动作准备和恢复再生

训练目标　柔韧

负荷建议　静态拉伸练习的每个动作应保持10～30秒

动作要点

1. 身体呈仰卧姿，头部与背部贴地，腹部收紧，双臂侧平举，双手掌心朝下；同时双腿屈膝呈90度角。

2. 双臂不动，头向右转，同时躯干、髋部和双腿向身体左侧扭转，左膝尽量触地，直至目标肌肉有中等程度的牵拉感。

↻ 恢复初始动作，换至对侧，循环进行，直至完成规定次数。

3.5 俯卧姿

俯卧 -I 字

训练部位　**上肢和上背部**

主要肌肉　**激活、放松肩带和上背部肌群**

训练板块　**动态拉伸、动作准备和恢复再生**

训练目标　**柔韧和激活**

注意事项　**保持腹部收紧，拇指朝上，肩胛骨收紧后抬起手臂**

动作要点

1 身体呈俯卧姿，双臂伸直过头顶，贴近耳侧；双手握拳，拳心相对，拇指朝上伸直；整个身体呈 "I" 字形。

2 双侧肩胛骨向下、向内收紧，双臂离地，拉伸动作持续 3~5 秒。

↻ 恢复初始动作，循环进行，直至完成规定次数。

俯卧姿

俯卧 -Y 字

训练部位	**上肢和上背部**
主要肌肉	**激活、放松肩带和上背部肌群**
训练板块	**动态拉伸、动作准备和恢复再生**
训练目标	**柔韧和激活**
注意事项	**保持腹部收紧，拇指朝上，肩胛骨收紧后抬起手臂**

动作要点

1 身体呈俯卧姿，双臂伸直过头顶，双臂与躯干呈"Y"字形；双手握拳，拳心相对，拇指朝上伸直。

2 双侧肩胛骨向下、向内收紧，双臂离地，拉伸动作持续 3～5 秒。

↻ 恢复初始动作，循环进行，直至完成规定次数。

俯卧 -T 字

训练部位 **上肢和上背部**

主要肌肉 **激活、放松肩带和上背部肌群**

训练板块 **动态拉伸、动作准备和恢复再生**

训练目标 **柔韧和激活**

注意事项 **保持腹部收紧，拇指朝上，肩胛骨收紧后抬起手臂**

动作要点

1 身体呈俯卧姿，双臂侧平举，双臂与躯干呈"T"字形；双手握拳，拇指朝上伸直。

2 双侧肩胛骨向下、向内收紧，双臂离地，拉伸动作持续 3~5 秒。

↻ 恢复初始动作，循环进行，直至完成规定次数。

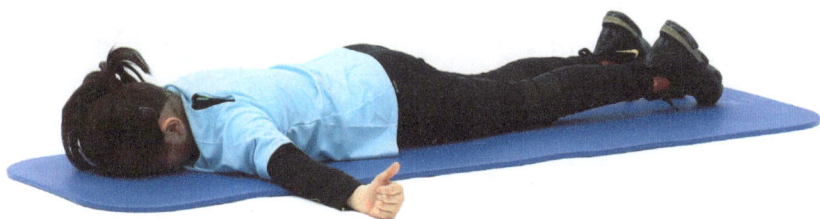

1

2

↻

俯卧姿

俯卧 -W 字

训练部位 **上肢和上背部**

主要肌肉 **激活、放松肩带和上背部肌群**

训练板块 **动态拉伸、动作准备和恢复再生**

训练目标 **柔韧和激活**

注意事项 **保持腹部收紧，拇指朝上，肩胛骨收紧后抬起手臂**

动作要点

1. 身体呈俯卧姿，双臂屈肘呈 90 度角，与躯干呈 "W" 字形；双手握拳，拳心相对，拇指朝上伸直。

2. 双侧肩胛骨向下、向内收紧，双臂离地，拉伸动作持续 3~5 秒。

↻ 恢复初始动作，循环进行，直至完成规定次数。

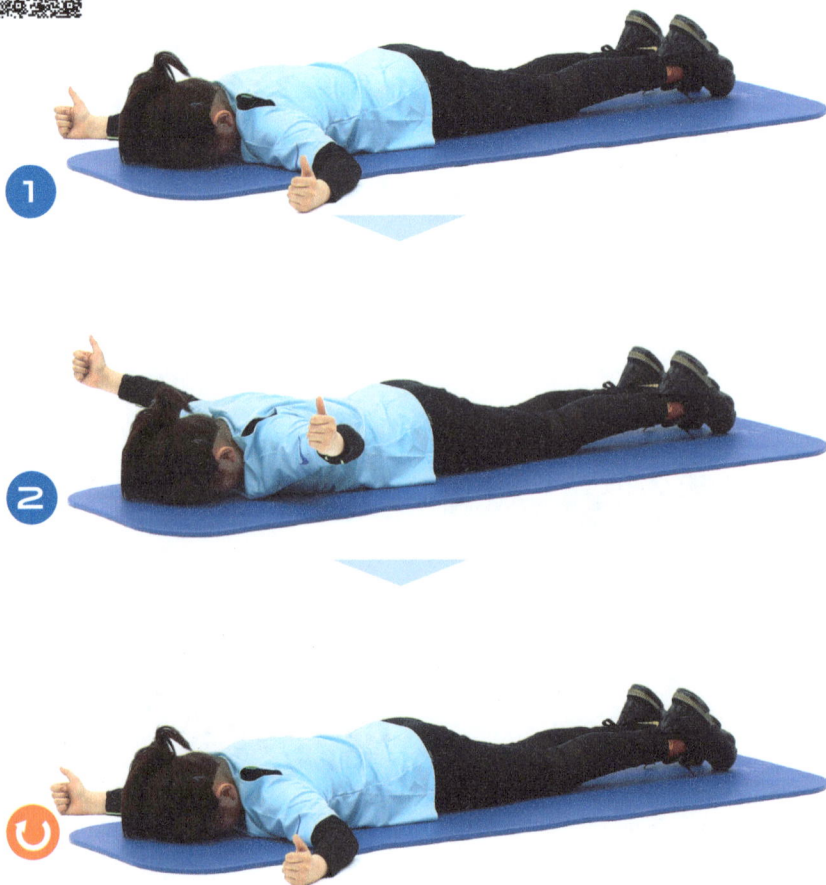

俯卧 - 两侧转体看脚跟

训练部位	**躯干**
主要肌肉	**拉伸两侧腹斜肌、背阔肌和腰方肌**
训练板块	**动态拉伸和动作准备**
训练目标	**柔韧**
呼吸建议	**1. 当双手从地板上推起身体时，呼气** **2. 当回到起始姿势时，吸气**
负荷建议	**动态拉伸练习的每个动作应持续2秒左右，并连续、可控制地完成4～6次**

①

②

③ ⟳

动作要点

1 身体呈俯卧姿，双臂伸直支撑躯干，目视前方。

2 下肢不动，头部与躯干向左侧旋转，看向左后方脚跟部位，直至目标肌肉有中等程度的牵拉感。

3 下肢依然不动，换至对侧进行拉伸。

⟳ 恢复初始动作，循环进行，直至完成规定次数。

俯卧姿

腹肌 - 主动拉伸 - 动态眼镜蛇式

训练部位	**躯干**
主要肌肉	**拉伸腹肌**
训练板块	**动态拉伸和动作准备**
训练目标	**柔韧和协调**
呼吸建议	**1. 当双手从地板上推起身体时，呼气** **2. 当回到起始姿势时，吸气**
负荷建议	**动态拉伸练习的每个动作应持续2秒左右，并连续、可控制地完成4～6次**

动作要点

1 身体呈俯卧姿，胸部尽量贴近地面；双臂屈肘置于胸部两侧，双手与前臂触地支撑躯干；目视正下方。

2 下肢不动，双臂伸直，将胸部推离地面，目视前方，直至腹肌有中等程度的牵拉感。

↻ 恢复初始动作，循环进行，直至完成规定次数。

腹肌、三角肌和髋部屈肌 - 主动拉伸 - 动态弓式

训练部位	**躯干和上肢**
主要肌肉	**拉伸腹肌、三角肌、髋部屈肌和股四头肌**
训练板块	**静态拉伸和动作准备**
训练目标	**柔韧**
呼吸建议	**1. 当身体呈弓形时，深呼气** **2. 在拉伸过程中，均匀地呼吸**
负荷建议	**静态拉伸练习的每个动作应保持10 ~ 30 秒**

1

2 ↻

动作要点

1 身体呈俯卧姿, 双腿后伸, 双手抓住同侧脚脚背或脚踝, 目视地面。

2 头部后仰、躯干后倾呈弓形; 同时双手向上拉动脚背或脚踝使双膝离地, 直至目标肌肉有中等程度的牵拉感。

↻ 保持拉伸动作, 直至达到规定时间。

俯卧姿

3.6 坐姿

菱形肌 - 被动拉伸 - 双手固定式含胸低头

训练部位	躯干（上背部）
主要肌肉	拉伸菱形肌
训练板块	静态拉伸、动作准备
训练目标	柔韧
呼吸建议	1. 当含胸低头时，深呼气
	2. 在拉伸过程中，均匀地呼吸
负荷建议	静态拉伸练习的每个动作应保持10～30秒

动作要点

1 身体呈坐姿,双腿屈膝,双手交叉抱住大腿后侧,目视前方。

2 双手与腿部不动,含胸低头,直至菱形肌有中等程度的牵拉感。

↻ 保持拉伸动作,直至达到规定时间。

视角转换

坐姿

内收肌 - 被动拉伸 - 坐式蝶形

训练部位 下肢

主要肌肉 拉伸内收肌

训练板块 静态拉伸和恢复再生

训练目标 柔韧

呼吸建议 1. 当胸部向双腿间逐渐靠拢时，深呼气
2. 在拉伸过程中，均匀地深呼吸

负荷建议 静态拉伸练习的每个动作应保持 10 ～ 30 秒

动作要点

1 身体呈坐姿，背部挺直；双腿屈膝，双脚脚底靠拢；双臂自然下垂，双手分别握住双脚踝关节，并将前臂分别压在大腿膝关节内侧；目视前方。

2 头部、胸部缓慢向双腿间靠拢，直至内收肌有中等程度的牵拉感。

↻ 保持拉伸动作，直至达到规定时间。

视角转换

3.7 其他姿势

臀肌和梨状肌 - 被动拉伸 - 舞者动作

训练部位 **髋部、臀部和下肢**

主要肌肉 **拉伸臀肌和梨状肌**

训练板块 **静态拉伸和恢复再生**

训练目标 **柔韧**

呼吸建议 **1. 当双臂逐渐撑起上半身时，深呼气**
2. 在拉伸过程中，均匀、缓慢地深呼吸

负荷建议 **静态拉伸练习的每个动作应保持10～30秒**

动作要点

1 左腿屈膝置于身体前侧，右腿尽量伸直置于身体后侧；双臂伸直，双手撑地；目视地面。

2 双腿不动，上半身缓慢前倾、下压，直至目标肌肉有中等程度的牵拉感。

↻ 保持拉伸动作，直至达到规定时间。对侧亦然。

1

2 ↻

CHAPTER

04

训练计划

要想设计一份合理的训练计划，必须明确个人的训练需求，并遵循一定的原则。本章将介绍训练参数的含义和儿童训练计划的制定原则，并提供满足个性化需求的训练计划示例，以供参考。

4.1 儿童拉伸训练计划制定原则

制定儿童训练计划时，应遵循以下原则。

（1）在设计具体的训练计划之前，要为儿童明确具体的训练目标。首先，教练或老师要起主导作用，根据之前的测试、评价和信息，以及儿童身体发育敏感期的相关知识，制定适合儿童个体的个性化训练方案。其次，儿童也需要参与计划的制定过程，通过为自己设定目标，让儿童对自己的身体负责。同时儿童可以表达出自己的需求、爱好，并且在训练中积极进行信息反馈。利用不断的反馈和调整逐渐培养儿童独立思考的能力，使他们在此过程中得到更好的成长。同时，更高的参与度也会使他们在训练中发挥出更好的积极性。此外，在设立儿童的训练目标时，要综合考虑其实际生理年龄、发育水平、训练动机、家长诉求、情绪状态、当前的身体素质和体育活动水平、个人活动兴趣、同伴影响等多种因素。

（2）对儿童进行全面的身体评估，包括基本健康状况（是否有损伤及损伤的原因）、当前身体状态及身体素质测试。身体素质测试一般包括心肺耐力、身体成分、肌肉力量和肌肉耐力、柔韧性等。测试结果的评估与分析将直接影响训练计划的制定与实施。

（3）计划要全面，包括各项身体素质（力量、耐力、柔韧性、稳定性、协调性、灵敏性等）。儿童处于快速生长时期，这个阶段采用丰富的训练手段来全面发展各项身体素质，不仅能给儿童带来训练乐趣，提高其参与的积极性，还能为今后的发展打下扎实的体能基础。

（4）训练计划要均衡。身体上肢、下肢，前侧、后侧，以及躯干部位的训练都要涉及，避免不平衡训练带来的不良体态及运动损伤。

（5）采用适当的频率和强度。由于儿童的身体发育不成熟，频繁的训练及过大的训练强度可能会适得其反，影响儿童参加训练的积极性，同时会打击他们的自信心。建议儿童每周参加2～3次训练。

（6）计划要具有渐进性。渐进性意味着进步，应通过逐渐增加训练频率、强度和时间，渐进式地提高儿童的身体素质。

（7）计划要有趣味性和互动性。针对儿童的生理和心理特点，必须重视在这个年龄阶段趣味和互动的重要性，不能一味地枯燥教学或者军事化管理。要通过各种方法手段、语言指引、器械设备等充分调动儿童的积极性，让他们感觉不是在训练，而是在"玩"！

4.2 训练节奏与间歇

训练动作固然重要，但训练时的动作节奏与间歇时间才是成功的关键。我们通常把动作节奏定义为数字组合，如果动作的离心阶段是2秒、等长阶段是2秒、向心阶段是1秒，则表示为2-2-1。例如进行杠铃深蹲练习时，身体从站姿向下蹲的过程为2秒，到达最低位置时保持2秒，从深蹲姿势到站立过程为1秒。当然，训练的目的不同，动作节奏也不同。

间歇时间是指两组练习之间或者两个动作之间的间隔时间，它决定着训练的强度。当儿童逐渐适应了训练计划以后，就可以缩短组间或动作之间的休息时间，从而提高训练强度。如果我们要采用更大的训练负荷，那么间歇时间也需要相应增加，让机体有更充分的恢复时间，这样能够有效地避免过度训练以及可能带来的运动损伤。

4.3 儿童拉伸训练计划示例

训练计划 1：上肢放松拉伸方案

训练目的： 拉伸上肢肌群，增加上肢的肩、肘、腕关节的活动范围，预防运动损伤。该方案适合儿童在上肢力量训练或在较多涉及上肢练习的运动项目（如羽毛球、网球等）前后进行，可以在训练前对上肢进行热身激活，也可以在训练后进行放松，促进恢复。

页码	动作图片	动作名称	组数	重复次数/保持时间	练习节奏	间歇时间
51		站姿-T 字	1 组	6 次	中速	5 秒
52		站姿-W 字	1 组	6 次	中速	5 秒
28		三角肌前束-主动拉伸-向后伸展上提	1 组	30 秒	静态保持	无间歇
29		肱三头肌-被动拉伸-手臂后伸屈肘后推	2 组（左右两侧各1组）	30 秒	静态保持	无间歇
30		腕部屈肌和伸肌-被动拉伸-屈伸手腕	2 组（左右两侧各1组）	30 秒	静态保持	无间歇

训练计划 2：下肢放松拉伸方案

训练目的： 拉伸下肢肌群，增加下肢的髋、膝、踝关节的活动范围，预防运动损伤。该方案适合儿童在下肢力量训练或在较多涉及下肢练习的运动项目（如足球、篮球、排球等）后进行，可以在训练后进行放松，促进恢复。

页码	动作图片	动作名称	组数	重复次数 / 保持时间	练习节奏	间歇时间
34		腘绳肌 - 被动拉伸 - 单腿屈髋	2 组 （左右两侧 各 1 组）	30 秒	静态保持	无间歇
55		半跪姿 - 股四头肌 拉伸	2 组 （左右两侧 各 1 组）	30 秒	静态保持	无间歇
86		内收肌 - 被动拉伸 - 坐式蝶形	1 组	30 秒	静态保持	无间歇
68		仰卧单腿转髋 - 腘绳肌和臀肌拉伸	2 组 （左右两侧 各 1 组）	30 秒	静态保持	无间歇
74		腘绳肌 - 主动拉伸 - 动态仰卧式伸膝	2 组 （左右两侧 各 1 组）	30 秒	静态保持	无间歇
44		四肢走 - 爬步	1 组	5 次	中速	5 秒

训练计划 3：驼背纠正拉伸方案

训练目的： 适合儿童在课堂长时间伏案学习后回家进行的拉伸。重点拉伸身体的胸椎等部位，缓解久坐给身体带来的不适，同时塑造挺拔竖直的身体姿态。

页码	动作图片	动作名称	组数	重复次数/保持时间	练习节奏	间歇时间
32		胸肌 - 主动拉伸 - 动态胸部扩张	1 组	6 次	中速	5 秒
62		猫狗式 - 胸椎伸展	1 组	6 次	中速	5 秒
61		脚后跟坐姿（泡沫轴）- 伸直、滚动、抬起	1 组	6 次	中速	5 秒
60		脚后跟坐姿（泡沫轴）- 胸椎灵活性牵拉伸	2 组（左右两侧各1组）	6 次	中速	5 秒
82		腹肌 - 主动拉伸 - 动态眼镜蛇式	1 组	6 次	中速	5 秒
76		臀肌、躯干伸肌和胸肌 - 被动拉伸 - 卧式脊椎扭转	2 组（左右两侧各1组）	30 秒	静态保持	无间歇

训练计划 4：下肢热身激活拉伸方案

训练目的： 拉伸激活下肢肌群，增加下肢的髋、膝、踝关节的活动范围，预防运动损伤。该方案适合儿童在下肢力量训练或在较多涉及下肢练习的运动项目（如足球、篮球、排球等）前进行，使下肢肌肉为后面的运动训练做好预热准备。

页码	动作图片	动作名称	组数	重复次数/保持时间	练习节奏	间歇时间
54		髋部屈肌-被动拉伸-跪式起跑者弓步	2组（左右两侧各1组）	6次	中速	5秒
53		半跪姿-股四头肌和屈髋肌群拉伸	2组（左右两侧各1组）	6次	中速	5秒
55		半跪姿-股四头肌拉伸	2组（左右两侧各1组）	6次	中速	5秒
86		内收肌-被动拉伸-坐式蝶形	1组	30秒	静态保持	无间歇
63		侧卧-股四头肌和屈髋肌群拉伸	2组（左右两侧各1组）	6次	中速	5秒
74		腘绳肌-主动拉伸-动态仰卧式伸膝	2组（左右两侧各1组）	6次	中速	5秒
83		腹肌、三角肌和髋部屈肌-主动拉伸-动态弓式	1组	6次	中速	5秒

训练计划 5：挺拔身姿拉伸方案

训练目的： 对肩部和上背部肌群进行拉伸，适合长时间伏案学习造成肩背部肌肉紧绷僵硬，从而出现驼背现象的小学生。该方案可在一天当中多次进行，可以使儿童紧张的肩背部肌肉得到放松，增加关节活动度，帮助儿童练成挺拔身姿。

页码	动作图片	动作名称	组数	重复次数/保持时间	练习节奏	间歇时间
77		俯卧 - I 字	1 组	6 次	中速	5 秒
78		俯卧 - Y 字	1 组	6 次	中速	5 秒
79		俯卧 - T 字	1 组	6 次	中速	5 秒
80		俯卧 - W 字	1 组	6 次	中速	5 秒
69		仰卧单臂转肩 - 背阔肌拉伸	2 组（左右两侧各 1 组）	30 秒	静态保持	无间歇

训练计划 6：核心区激活拉伸方案

训练目的：通过拉伸躯干各处肌群，有效激活身体核心区域，并提高神经－肌肉的兴奋性，为即将开始的动态练习做好准备。

页码	动作图片	动作名称	组数	重复次数/保持时间	练习节奏	间歇时间
33		背阔肌和两侧躯干屈肌－主动拉伸－动态侧向伸展	2组（左右两侧各1组）	6次	中速	5秒
84		菱形肌－被动拉伸－双手固定式含胸低头	1组	30秒	静态保持	无间歇
70		躯干伸肌、背阔肌、菱形肌和臀肌－主动拉伸－仰卧式双膝紧抱	1组	30秒	静态保持	无间歇
69		仰卧单臂转肩－背阔肌拉伸	2组（左右两侧各1组）	6次	中速	5秒
76		臀肌、躯干伸肌和胸肌－被动拉伸－卧式脊椎扭转	2组（左右两侧各1组）	30秒	静态保持	无间歇
81		俯卧－两侧转体看脚跟	2组（左右两侧各1组）	6次	中速	5秒

训练计划 7：恢复再生拉伸方案

训练目的： 在儿童进行各种体育活动之后对肌肉进行拉伸、放松，缓解训练带来的肌肉酸痛和紧绷，帮助儿童保持身体柔韧，同时加强肌肉力量。

页码	动作图片	动作名称	组数	重复次数/保持时间	练习节奏	间歇时间
34		腘绳肌-被动拉伸-单腿屈髋	2组（左右两侧各1组）	30 秒	静态保持	无间歇
54		髋部屈肌-被动拉伸-跪式起跑者弓步	2组（左右两侧各1组）	6 次	中速	5 秒
55		半跪姿-股四头肌拉伸	2组（左右两侧各1组）	6 次	中速	5 秒
86		内收肌-被动拉伸-坐式蝶形	1组	30 秒	静态保持	无间歇
68		仰卧单腿转髋-腘绳肌和臀肌拉伸	2组（左右两侧各1组）	30 秒	静态保持	无间歇
82		腹肌-主动拉伸-动态眼镜蛇式	1组	6 次	中速	5 秒
83		腹肌、三角肌和髋部屈肌-主动拉伸-动态弓式	1组	6 次	中速	5 秒

训练计划 8：动态拉伸方案

训练目的： 在儿童进行各种体育活动前，对其全身肌肉进行激活和预热，减少肌肉黏滞，加强血液循环，同时强化动作模式，提升关节的灵活性和稳定性，减小运动损伤风险。

页码	动作图片	动作名称	组数	重复次数/保持时间	练习节奏	间歇时间
52		站姿-W字	1组	6次	中速	5秒
22		股四头肌行进拉伸-手臂上伸	2组（左右两侧各1组）	6次	中速	5秒
24		后交叉弓步	1组	6次	中速	5秒
26		向后弓步+旋转	2组（左右两侧各1组）	6次	中速	5秒
36		向后弓步走-腘绳肌拉伸	2组（左右两侧各1组）	6次	中速	5秒
46		最伟大拉伸-向前跨步肘抵脚背	2组（左右两侧各1组）	3次	中速	5秒
44		四肢走-爬步	1组	5次	中速	5秒

训练计划 9：全方位拉伸方案

训练目的： 在儿童进行各种体育活动前，对其全身肌肉进行激活和预热，减少肌肉黏滞，加强血液循环，或在体育活动之后对肌肉进行拉伸、放松，促进机体代谢和恢复，可帮助增加孩子上肢的肩、肘和腕，以及下肢的髋、膝和踝六大关节的活动范围，减小运动损伤风险

页码	动作图片	动作名称	组数	重复次数/保持时间	练习节奏	间歇时间
32		胸肌－主动拉伸－动态胸部扩张	1组	6次	中速	5秒
48		站姿胸椎旋转	2组（左右两侧各1组）	6次	中速	5秒
33		背阔肌和两侧躯干屈肌－主动拉伸－动态侧向伸展	2组（左右两侧各1组）	6次	中速	5秒
28		三角肌前束－主动拉伸－向后伸展上提	1组	6次	中速	5秒
29		肱三头肌－被动拉伸－手臂后伸屈肘后推	2组（左右两侧各1组）	6次	中速	5秒
30		腕部屈肌和伸肌－被动拉伸－屈伸手腕	2组（左右两侧各1组）	6次	中速	5秒
62		猫狗式－胸椎伸展	1组	6次	中速	5秒

训练计划10：耐力和长距离运动拉伸方案

训练目的： 儿童在进行耐力和距离类体育运动时，例如国家小学生体质测试中的50米8次折返跑测试，需要长时间维持身体活动，下肢需要有强大的力量和爆发力。该方案可以使儿童更加容易地完成此类耐力项目运动，并可有效缩短恢复周期，预防运动损伤。

页码	动作图片	动作名称	组数	重复次数/保持时间	练习节奏	间歇时间
32		胸肌－主动拉伸－动态胸部扩张	1组	6次	中速	5秒
36		向后弓步走－腘绳肌拉伸	2组（左右两侧各1组）	6次	中速	5秒
44		四肢走－爬走	1组	3次	中速	5秒
87		臀肌和梨状肌－被动拉伸－舞者动作	2组（左右两侧各1组）	30秒	静态保持	无间歇
71		臀肌、躯干伸肌和胸肌－主动拉伸－动态卧式脊椎扭转	2组（左右两侧各1组）	3次	中速	5秒
81		俯卧－两侧转体看脚跟	2组（左右两侧各1组）	6次	中速	5秒
83		腹肌、三角肌和髋部屈肌－主动拉伸－动态弓式	1组	30秒	静态保持	无间歇

训练计划 11：力量和跳跃类运动拉伸方案

训练目的： 儿童在进行力量和跳跃类体育运动时，例如国家小学生体质测试中的一分钟跳绳、仰卧起坐测试，通常需要肌肉在短时间内快速有力的发力，而非长时间的持续发力。该方案可以使儿童在完成力量和跳跃类运动时更灵活地支配身体，降低受伤风险，取得卓越的运动表现。

页码	动作图片	动作名称	组数	重复次数/保持时间	练习节奏	间歇时间
32		胸肌 - 主动拉伸 - 动态胸部扩张	1组	6次	中速	5秒
33		背阔肌和两侧躯干屈肌 - 主动拉伸 - 动态侧向伸展	2组（左右两侧各1组）	6次	中速	5秒
35		内收肌、胸腰椎回旋肌和躯干伸肌 - 被动拉伸 - 三角式	2组（左右两侧各1组）	3次	中速	5秒
44		四肢走 - 爬走	1组	3次	中速	5秒
86		内收肌 - 被动拉伸 - 坐式蝶形	1组	6次	中速	5秒
72		臀肌和梨状肌 - 被动拉伸 - 卧式4字体形	2组（左右两侧各1组）	6次	中速	5秒
82		腹肌 - 主动拉伸 - 动态眼镜蛇式	1	6次	中速	5秒

参考文献

[1] 王雄, 沈兆喆. 身体功能训练动作手册 [M]. 北京: 人民体育出版社, 2014.

[2] Istvan Balyi, Richard Way, Colin Higgs. Long-Term Athlete Development [M]. Champaign, IL: Human Kinetics, 2013.

[3] Stephen J. Virgilio. Fitness Education for Children: A Team Approach [M]. Champaign, IL: Human Kinetics, 2012.

[4] Frances Cleland Donnelly, Suzanne S. Muller, David L. Gallahue. Developmental Physical Education for All Children: Theory into Practice (Fifth Edition) [M]. Champaign, IL: Human Kinetics, 2017.

[5] Shirley Holt, Hale Tina Hall. Lesson Planning for Elementary Physical Education: Meeting the National Standards & Grade-Level Outcomes [M]. Champaign, IL: Human Kinetics, 2016.

[6] Robert J. Doan, Lynn Couturier MacDonald, Stevie Chepko. Lesson Planning for Middle School Physical Education: Meeting the National Standards & Grade-Level Outcomes [M]. Champaign, IL: Human Kinetics, 2017.

[7] SHAPE America-Society of Health and Physical Educators. National Standards & Grade-Level Outcomes fork-12 physical education. Champaign, IL: Human Kinetics, 2014.

[8] Christine Galvan. Achieve Physical Education Curriculum (Sixth Edition). Gopher Sport, 2017.

[9] Ericsson, K. The influence of experience and deliberate practice on the development of superior performance., The Cambridge handbook of expertise and expert performance. Cambridge, UK: Cambridge University Press, 2006.

[10] Haibach, P. S., Reid, G., & Collier, D. J. Motor learning and development. Champaign, IL: Human Kinetics, 2011.

[11] Mitchell, S., Oslin, J., & Griffin, L. Teaching sport concepts and skills: A tactical games approach. Champaign, IL: Human Kinetics, 2006.

[12] A. Vonnie Colvin, EdD, Nancy J. Egner Markos, Med, Earlysville, Virginia. Teaching Fundamental Motor Skills (Third Edition). Champaign, IL: Human Kinetics, 2016.

[13] John Byl.101 Fun Warm-up and Cool-down games. Champaign, IL: Human Kinetics, 2014.

[14] 拉里·格林, 鲁斯·佩特. 青少年长跑训练: 第 3 版 [M]. 沈兆喆, 王雄译. 北京: 人民邮电出版社, 2016.

[15] 罗宾·S. 维莱, 梅利莎·A. 蔡斯. 青少年体育运动指导与实践 [M]. 徐建方, 王雄译. 北京: 人民邮电出版社, 2017.

[16] 斯蒂芬·J. 维尔吉利奥. 儿童身体素质提升指导与实践: 第 2 版 [M]. 王雄译. 北京: 人民邮电出版社, 2017.

[17] 威廉·J. 克雷默, 史蒂文·J. 弗莱克. 青少年运动员力量训练: 第 2 版 [M]. 王雄, 徐建方译. 北京: 人民邮电出版社, 2018.

[18] 艾弗里·D. 费根鲍姆, 韦恩·L. 威斯克. 青少年力量训练: 针对身体素质、健身和运动专项的动作练习和方案设计 [M]. 王雄, 徐建方译. 北京: 人民邮电出版社, 2018.